SV

Band 1304 der Bibliothek Suhrkamp

Benachbarte Metalle enthält eine Auswahl von Friederike Mayröckers Gedichten aus über dreißig Jahren, besorgt und mit einem Nachwort versehen von Thomas Kling. In die nichtchronologische Anordnung ist schwerpunktmäßig Lyrik aus ihren Gedichtbüchern aufgenommen, beginnend mit dem fulminanten Zyklus *Tod durch Musen*, der ihrem ersten Gedichtbuch 1966 den Namen gab. Ein Schwergewicht der *Benachbarten Metalle* liegt bei den Gedichten der achtziger Jahre aus *Winterglück*, dem vielleicht wichtigsten Gedichtband der Grande Dame der deutschen Gegenwartsdichtung.

Friederike Mayröcker
Benachbarte Metalle

Ausgewählte Gedichte

Anordnung und Nachwort

Thomas Kling

Suhrkamp Verlag

Erste Auflage 2016
Suhrkamp Verlag Berlin

Umschlag: Willy Fleckhaus
Printed in Germany
ISBN 978-3-518-24046-5

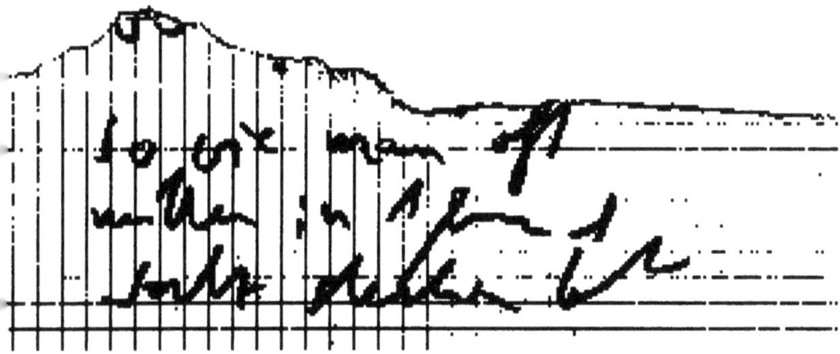

so wie man oft mitten in 1 Gedanken oder
Satz steckenbleibt

I

Oval der Sonne

ach im Aprilgefunkel die
taubengrauen Schneisen der
Luft ich bin
keine Ameise sondern im
Lerchenkleid sondern feldgrün und blau
sondern das unzertrennliche
Freundespaar – Herzrose Blumenstern
Dioskurenknospe in seiner Brust oder wie man so
sagt dunkel aus einem Tulpen-
schosz, Raptus im tiefen
Mais, *Halbschneiderei*, die
Dichter tun nur so als wären sie
tot, Ton
aus der Ferne

Aus der Tiefe

Mit dieser Überbürde süsz und herz-zäh wie Blumen
(ein einsamer Wassertropfen im schwarzen Ziehbrunnen
        schwebender Wolken
eine seidene Monsterprozession schnurgerader sonniger Ameisen
eine endlose Strasze bei Nacht
eine fremde Begrüszung über bernstein-fragenden Tieraugen

Gewaltsames leiden die verkerbten Steine von Stonehenge
ein grausiges knarrendes Feld unbändiger Steinheere
horizontal-massige Gehege
harte Gevierte aus Luft

Versunken wie Wasser blaszblau ein geahntes gepfähltes Paradies
ein schwimmendes graues Paradies von Wolken gestützt
preisgegeben dennoch : der heimsenden Tiefe
den fischblauen Kanälen den verwirrenden Stegen und
        Katzen-Brücken
den Morgendämmerungen) beweint bekränzt . .

mit Baumnotizen

Feuer und Katarakt : aufwärtsfliehende abwärtsstürzende Augen-
vögel zwischen Fenster Hof Tür
»die beflügelten Hügel« / sie flügeln mir ins Quartier
das Zigarettenfutter der kleine Zimmerbrand immer wieder im
  Bett
an der Bettkante sitzen rauchen, den Hemdknopf Perlmuttknopf
im Bett verloren, abgerissen im Schlaf, auf dem Hemdknopf
  geschlafen die Pressur
an der rechten Wange und Schläfe, schwarze Vogelspur Schlange
das Schlangenei ausgebrütet der bösen Träume
die geflügelte Ferse (»Fergie«) und Kohlenstaub
in den Augen so schwarz, das Ofenheizen in Mutters
  Schlafkabinett, damals,
die Kohlenschaufel, das Anthrazit der Blicke (in Blitze gezackt)
der Ascheneimer die heisze Asche, an der heiszen Asche
die Hände gewärmt –   das Krematorium, damals
es war Januar und der Freund in den Himmel gefahren
als flüchtige weisze Spur als zarter Schleier aus den
  Krematoriumsschloten
so dasz wir noch eine Weile seinen Weg in den Himmel, noch eine
  Weile
verfolgen konnten während wir aus der Halle traten und weinten
und halblaut durchaus dies Lallen, Weihrauchduft über den
  Gesangsbüchern
in den Betstühlen der Dorfkapelle und will es noch immer nicht
  wahrhaben
dasz ich erfahren muszte von ihrem Tod durch den Postboten
  (»Adressat verstorben«)
dasz ich dann Wochen Monate Jahre nicht gewagt hatte die alte
  Nummer zu wählen
um mir nicht bestätigen lassen zu müssen dasz sie gestorben sei

oder zum Beispiel meine Groszmutter die war ein Vogel Strausz
eine Musik wie himmlische Peitschen, genialischer Gestus,
Romanaufenthalt
diese Liebe dieses Brennende und zieht die Hand
ein wenig zu sich, des Kindes, geht langsam die Treppe hinunter
mit dem Kind an der Hand
zieht die Hand an die Brust (*Rubenspark Winter '27*), des
Enkelkinds kleine Hand auf dem alten Foto –
holde Schwalbe Januarhimmel / an Windes Braut
mein Schatten an der Brücke über die Schwechat das war in der
Nähe der Mutter
die Sonne hat den Schatten gemalt auf diesem Foto –
(von Raketen), die gebratenen Würste, der Eiswein
mit bübischer bunter Plastikhaube der alte Fleischer
auf und ab schreitend auf blutiger Metzgerbühne
gelbe Hals- und Haarkrause vergeblich trübes Gebisz
intermittierend im Parkrasen : Hundegestalt
weiszer His Master's Voice Hund an den Kniegelenken die
geschwollenen Adern
in einer Indianerfrühe habe ich grimassiert, vor dem Spiegel
gar nicht mehr hingehört, oder die Zahnbürste vergessen auf dem
Waschtischrand
Vogelspange / Nackenstarre, das Gesicht der Gipsstatuette
der Länge nach, diagonal, verdeckt
die runden Trophäen der Adern (Augen)
im Gespräch mit dem Arzt auf die hohe Lehne des Patientenstuhls
abgestützt
sich der eigenen Verlegenheitshaltung bewuszt geworden :
plötzlich,
im Abgelenktsein verstummt / die Wallfahrtswege
die Wallfahrerblutstropfen (Mariazell)
Mariazeller Magentropfen, Kondome eingekauft, oder
damals

auf dem Höhenweg von Meran nach Dorf Tirol diese
Vorfrühlingsluft Verführung
zärtliche Wärme auf Steinen, und Wiesenhang
dieser KULT KIMONO / KAFTANBEWÖLKUNG – und in
Strähnen, Strömen
gesintert, im blauen Alkoven des Augs
auf dem Handrücken Farnkrautfrottage, die weiche
weisze Musik der Zitate, Zanzotto zum Beispiel
mit ausgespannten Flügeln der schwarze Schmetterling an der
Zimmerdecke
mir ist nicht mehr zu helfen –
GRASMEDIUM – ach! lauter Neologismen – »es wimmelt in Ihren
Schriften von
Neologismen ..«
aber wenn ich jetzt sprechen musz wenn ich jetzt sprechen müszte
wenn
ich jetzt irgendwelche Rede, es wäre nur ....

(Pistazienwälder, gefroren)

was brauchst du

was brauchst du? einen Baum ein Haus zu
ermessen wie grosz wie klein das Leben als Mensch
wie grosz wie klein wenn du aufblickst zur Krone
dich verlierst in grüner üppiger Schönheit
wie grosz wie klein bedenkst du wie kurz
dein Leben vergleichst du es mit dem Leben der Bäume
du brauchst einen Baum du brauchst ein Haus
keines für dich allein nur einen Winkel ein Dach
zu sitzen zu denken zu schlafen zu träumen
zu schreiben zu schweigen zu sehen den Freund
die Gestirne das Gras die Blume den Himmel

für Heinz Lunzer

komplementär

so gleich Rot so gleich
Rot ja so geschieht es mir so gleich
Rot ist die Farbe Grün in
der Welt, also Grün zugleich Rot, aber
Grieszkörner, Sand, aber
wie Griesz und Sand zusammen, wie
Griesz oder Sand im Turnier in Toledo, so
geschieht es mir, also geschieht es mir meinen
Augen also geschieht es mir
auffallend –
Leimrute Zopf

Etwas wie Küsten kleefarben und gewahrsam der Meere

etwas wie Möven stirnnah und schreiend wie ertragenes Schicksal
etwas wie historische Nacht klösterlich braun und ausgebrannt
in den Mulden der Insel
etwas wie Hanf wogender Kniefall mitten in schönen Pfauen
(Schalmeien)
etwas wie Luftschwingen Traumhecken Schaum-Gestrüpp
etwas wie gläserne Küsse Nachtauge schwärmende Trauervögel
(Mohn)
etwas wie schütterer Morgen im frühen November
etwas wie Regen an traurig bekränzten Fischen (Rauch)
etwas wie Asche ängstlich und windhoch gewirbelt
(mürbe Schlote)
etwas wie Samt bläulich und rund Grüsze mäandernd auf Gräbern
etwas wie Stein zärtliches Kissen für Tote (Sand auf Sand)
etwas wie Haut (honigwarme Pupille)
etwas wie Süsze im Anblick der tausend Meere

es regnet ein Wunder

das Ohr des böhmischen
Porzellans : Rosentasse mit
Henkel ich sah sie
heute zum ersten Mal, besasz sie
heute zum ersten Mal nach
so vielen Jahren – sie
trug keinen
Ohrring, aber die Kappe, der Skalp schien
verschneit ach der Zucker-
berg in dem Menschen will unterrichtet sein

LIEBER IN GEDANKEN REISEN, HOKUSAI
auf dem Rücken, oder unter der Lampe,
laufen zu Füszen des Fuji und blicken hinauf
zu verschneiter Spitze, die Schnürstiefel
feucht und kalt, die Halskrause welk.
Wie, frage ich, Erkundungen einer Ferne
mit den eigenen Füszen, wie, frage ich, Erfahrungen einer Ferne
mit den eigenen Augen. Wie Sehnsucht nach Ferne
mit Seszhaftigkeit vereinen. Wie, Fusz und Auge,
Träne und Lust.

Hölderlinturm, am Neckar, im Mai

diese Prise Hölderlin
im hellroten Hölderlinzimmer /
im Korridor stehend
fällt mein Blick auf die roten Blumen im Glas
gesäumt von abgefallenen
Blütenblättern
nichts sonst /
das Zimmer leer nur die Vase die Blumen
zwei alte Stühle –
ich öffne ein Fenster
im Garten sagst du die Bäume
sind noch die gleichen wie damals
aber man hört einen Ton Musik *es*
glänzt die bläuliche Silberwelle

für Valerie Lawitschka

»deinetwegen ist ..« *(Pindar / Hölderlin)*

diese Pelargonien-Flur als Stäubchen ich meine
so *aus dünnem Auge!* und flieszend : winziger
Globus milchfarben orangefarben tomatenfarben ich meine
diese Flora Flocke und Staub diese Spur von Liebe und
Bluten und gleiszenden Blättchen *im Weh-*
bezirk, abermals, und schreien durch Gassen WO
BIST DU? – so dein Auge : flammendes Wort so
in deinem Auge das flammende Wort / ich : jagend /
weder der brennenden Freude noch
. . . . . .

(zugewandt)

Mazedonische Nacht

der rabenschwarze Regen holzstückt
und fächelt, spelzt gegen
die Scheiben, nächst-
verwandt zu Spule, Diadem, verzweigter
Stirnreif (Talmi), Bruder Schlaf, die
Silhouette auch, Mohnkapselstaude, ver-
glitzert über schwarzem Scheitel, schnuppend,
pantinenklopfend, *Mutter*
und Wahn

Buszwinter und Schemen

von Elegien das ist
im grünen Kleid seiner Haut
mich zu verschlingen
verschlingen verschlingen
dasz im funkelnden
Vollmond (»*irgendwo jetzt*
scheint um ein Uhr mittags
der Mond ..«)   das Auge
sich schlieszt vor seiner
Blösze (was
betrübst du dich meine
Seele?)   das schwarze
Barett der Nacht : also
Verstoszung
der hübschen Gewässer (meine Augen
im grünlichen Scheine)
welche in meinen Augen
mit grünlichem Scheine und
schlaflos
umhertrieben

Babylonisches Gedicht

».. und schnee-weisz hat in Apfel-Lilien-Geviert Schnurre's
        verflossen und rein; fern
ein apparatus (hat Luft gewicht? solche hebebühne herz ist hoch
        geschnellt
                wo meine augen (Schwerter);
Versuche kern; aromatisches gewicht)
Eruptionsgewalt; auf steilen Augenpaaren wie Kehlen-Dorf
        (Zeiss ..)

verfolgt schauer : sonne Stimmchens Grab .. »geschehen
        längs der Küste bei welk-mond; bei nacht; als stürme .. «
und ausgewrungen nacht; ein Rumpf nacht;
frost-werk / kaum Rufen
geschunden Liebe an frierenden Pulsen
katharsis in den kolonnen des Lichts

Löwin von Juda : fäustig wie Alchemie : und apfelkern schmerzt;
        Droste von;
übrigens Pendant zu schwerer Reiterstrasze; über genaue pfade;
        pfad; wenig-pfad-grau ..«

Hartung / gebirge wenn nordisch in das ganze unverständliche tal
Spiralbrüste tast-innig;
eine mögliche Stadt im Nebel (Innsbruck an den Graten; unten eine
                mäandernde sommerzeit mit elektronischen pfeilen)
schwarz-kopiert; in lodernden bergspitzen; lokales
        bei Feuersbrunst;
etwas wie knarrend-hausrat; altväterlich; arabeskisch (dennoch
                Wolken-Schur und-sich-annähern ..)

rückläufiger amor!
buchstaben; flimmernd rosen-F / rotierend zebra-A – ach! erprobt
Kopf-Geige .. (was geschieht eigentlich mit dem
zweiten Fusz?)

signalisierter bleich-spiegel
Abbild kalligraphierter schwäche; brüste; haar; verzerrt
.. ein Auto über schleifen-Weg
baumwollen .. »nosing the path ..« / a-coming thru' the rye ..
und all-das!
eine verfärbte sommer-stadt;
ganz-grau-gelb
scharade Nachmittag (zwischen
Balkonen und Caroline : rothäute; mokassins; ballons)

Kopf-bei-Kopf : good-will-tour!

Gefahr dasz abstreift /

(inauguration des groszen schmetterlings)

Szenarium ach schon zur Eitelei geworden die wüsten
Verschlingungen, Maulbeeren auf dem Parkett zertretenes
Purpurschwarz welch Süsze Anblicks, die Hühner im
Bett, die schmarotzenden Tauben auf dem Bücherkarton, halb
verdeckt Bettina Brentano in Begleitung des Huhnes oder
Hundes : ich bläue die Kunst mir ein .. Affinität, ach eine
rote Kordel hält die Kinnladen mir hoch und zusammen, das
schuppende schnuppernde schmutzige Lebensgewimmel hier in
der winzigen Nuszschale, Biwakschachtel nennt B.H. dieses
Zimmer, mit wiederentdeckten Blumen mit Aureolen : zerrissenem
Putz an den Wänden, das schummrige halbe Gesicht aber einer
Frau, das Bett aufgeschüttelt ich sagte es schon, auf dem Fusz-
boden lag es den schlechten Zustand der Bretter zu-
deckend, ich fasse das Blatt mit den Fingerspitzen der linken
Hand an, meine Angst vor Ansteckung, welch Auge und Antlitz!,
auf dem übergeschlungenen Arm, oder Stola, ruhend der halbe
Kopf mit niedergeschlagenem Blick in Wolle gebadet der
Globus mir kommen die Tränen, schnaubender Atem!, ich
hätte gerne kollaboriert mit dieser, mit diesem
Delirium, Nachtwunder, angeheuert jedoch vom Tode
bin ich, nicht viele Tage bleiben mir noch, also
schnellstens und schnell, und möchte doch frei sein zu
leben, der Gedanke an Erpressung des närrischen Grimassen-
schneiders Tod, sein unverständliches Kauderwelsch : ist
mir zuwider : möchte ich brüllen in seine Fratze, ich kenne
sein hassenswertes System : möchte ich brüllen, Verheerungen,
Turbulenzen, Blutbad und Torsi, oder ganz heimlich auf
Zehenspitzen schleicht er daher, schnell-spinnend
wende ich mich beiseite, nein!, mit ernster
Gelegenheit das Haupt-, gesegnet das Nebenhaar diese Haare,
noch

immerzu bleichend im Rasen der Zeit, Herbstzeitlosen
der Liebe, klecksend Verlegenheitsbriefwechsel mit aller
Welt, was bleibt mir? mich betören : ich will mich betören
lassen von aller Welt : anblaffen, flanieren, Zauber-
botschaften vernehmen und weiter ausstreuen, undsoweiter, das
schrecklich Schmiegsame der Schlangen, Wasserschlange
Verstellung, der
obere Roland ach vor der Bienenstadt, façonnierte
Alleen, die gestapelten Plastikstühle im Freien des Sommer-
cafés mit Kettchen zusammengehalten gegen nächtliche
Diebspersonen, erpreszte Musiken halbmondhaft türkisch aus
offenen
Fensterläden, die FRITZEREI, zwinkernde Jalousien dahinter
Lichtes,
schon werfen Bettücher ihre Weiszheit aus, schwenken über
blütenbepflanzte Simse, dieser abgerissene Winkel dieses
geliebte Gehäuse!, lullen und lullern was weisz ich, ich brauche
so wenig ich brauche nur wenig zu überleben : ich
brauche nicht Geld, aber Zeit sehr viel Zeit, eine Palme,
Kaffee, und Licht für
Augen,

Königsgasel

beherzter Honig flieszt
aus diesem Blick, nur diese blaue
Welt, das Ufer Nachmittag.
Der aus den Blicken flieszt
beherzter Honig, ich
unterhalte diese Lebenszeit, ach
wie der Wind sich wiegt in diesem
Erlenbaum, der jüngst aus Mauerritzen sich
erhob, so öffnen weisze Lilien sich, der
Duft der Linden taucht
ins tiefe Gras, nur diese blaue
Welt, ich unterhalte Lebens-
zeit, weisz ich es bricht
herein mit Schmerz und Dunkelheit, betret
ich diese neue Bahn,
stütz ich den Kopf, die Kapsel
schorfbedeckt, in meine Hand
stütz ich des Schädels Wahn,
die Kapsel dann in meine Hand
gestützt, die Kapsel ausgetrocknet
meiner Stirn und flammend Mohn und Wahn
Erschrecken junger Hirtengott,
die Schmerzenshöllen dieser Zeit
umarmen mich, denk ich, die Augen bersten
mir in dieser Zeit,
beherzter Honig flieszt
aus diesem Blick, nur diese blaue
Welt, das Ufer Nachmittag, verzückt, verzehrt : Zigeunerblick
der Jahreszeit.

Retour an dich mein totes Kind

ich habe ein Kind das liegt begraben
mit zwei blauen Augen-Augen
zwei Augen von der Farbe des Riechfläschchens
und die Reiszvögel aus Äthiopien scharen sich
um seine zwei blauen Augen um sie auszupicken
und die kleinen Schwäne aus Seckau
die zur Taufe kommen wollten
sind zurückgeflogen
mein schönes totes Kind ist auf mir gelegen
und hat über mir geatmet
und ich hörte seine langen schlafenden Züge
und es ähnelte dem Blätterrauschen in den Sommerbäumen
als es und ich unter den Dächern jener Sommerbäume hockten
und die edelsteingrünen Blätter rauschten
und es schaute mich an aus seinen blauen Augen
und dann rauschten die Bäume noch immer und rauschten:
es wird bald gestorben sein ..
und dann bahrten wir es in der Kirche auf
und es hatte nur ein kleines Fensterchen
aus dem schaute es heraus
es ist mein Kind
und es hiesz wie der blaue Himmel und die Rosenwolke
und der Morgenwind im Frühling und die Blätter im rauschenden
Wipfel
und die Narzisse und der schönste Tag
und obwohl ich ihm die Augen zugedrückt hatte
hoben sich die Lider immer wieder
es hatte blaue Augen und eine kleine runde Nase
und einen halb offenen Mund mit zwei schönen Zähnen
es war ein Knabe

und es war ein Geschenk wie ich nie vorher eines bekommen hatte
ich liebe es über alles
es ist tot
es kommt nie mehr zurück
in meinen linken Arm in meinen rechten Arm
	in meine beiden Arme
an meine Brüste auf mir liegend ich über es gebeugt
alle Vögel alle Bäche alle Steine alle Wolken und der Rauch
kommen ans Fensterchen und schauen mein totes Kind an
ich winde ihm einen Kranz aus wildem Löwenzahn
ich flechte ihm ein weiches Körbchen für sein Gesicht
ich werde seine blauen Augen einpflanzen in die Erde
wie ein Paar Krokusblumen
seine blonden Haare vergieszen
seine Nase seinen Mund seine Haut verstreuen
seine Knie und Schenkelchen
seine Nägel seine rötlich blonden Stellen in der Armbeuge

er spielte mit kleinen lockenmähnigen Pferdchen und Eselchen
mit geringelten Schnecken am Weg
und blies ins Schneckenhorn
und setzte sich die Schmetterlingsfühler lustig auf
und teilte mit den Fliederbüschen
die Regenwolken und die schönsten satten Siesta-Wolken
	und Balkone
kannte er mit Namen
und schrieb wie Miró auf sie: »s 5«, »s 5«, »s 5«, und immerfort
vieles überschlug er
und er wagte die tollsten Sprünge von einer
	Schafschnauze zur andern
bis die Wolle immer zerraufter wurde
er kräuselte gern das Wasser mit der Hand
und ich nähte seine Frisur zurecht

er zog die schwarze Flagge hervor
und versetzte seiner Gabel einen Schaft
schickte sie nach dem sanftschweifenden Osterlamm
und ging durch die punktierte Rundung eines reifen
　　Schneeballstrauchs
oft ging er fort mit meinem blauen Schirm
ich rief ihm nach und weinte über sein Süsze

(er ist tot er ist mein alles)

»polyphone Spur«

was für 1 Blitz zwischen deinem und meinem Auge was für 1
herzsingendes atemsingendes Blitzen!, deine Wange in meiner
Hand meine Wange in deiner Hand ah die Wange des Apfels,
St. Peter
über den Dächern (im Regen). Dreschflegel des Sommers / was für 1
Blitz was für 1 Passion was für 1 schmiegsames Lippenpaar was
für 1
Augenstern was für 1 Passage was für 1 schmissiges Spatium
zwischen
unseren Lippen   weil du kannst selber 1 alter Mann
sein weil ich kann selber 1 alter Mann sein / was für 1
prasselnde Glut die mein Auge berührt und versehrt was für 1
Zirkel im Mond im Mohnfeld im Mohrenfeld (ganz schwarz!)
unser
Getrippel im Mohnfeld im Mohrenfeld (schwarz!) was für 1
Zittern der Mohnblumenblätter mohnblättrigen Fingerspitzen was
für 1
fauchender Junistern, -sturm was für 1
Zittern Erzittern : Erzürnen der Himmelsgrafitti, des Bienenflugs,
was für 1
Ergötzen was für 1 Ergötzung was für 1 geplättete (Bienen)Lust usw.
Die abgeschnallte Armbanduhr in der Jackentasche, die abgehalfterte
Zeit die abgehalfterte Schrift die abgehalfterte Sprache! *Inschrift*
von Kirchweih über den Feldern, in den Hainen die Reflexe deines
Gesichts deiner Stimme . .   *oh wie spelzet*
das Fluten des gelben (Anbaus) nämlich, und Wogen von Raps :
Süszkind
enormer Kadaver, *die abermals Sterne ins Darmstädtische versprüht.*

bloody Mary

für Bodo Hell

ein Wort auf einem Zettel dahinter ein Fragezeichen
daneben der Diskus Musik die Dessous, der Schreibblock
mit heller Staubkruste überzogen Grind oder Griesz auf Papier
und der blosze Gedanke an Gedichte von Andrea Zanzotto
mich verbluten läszt über dem Schreibplatz. Wie
Ochsenblut / bloody Mary. Kein »während« kein affektiertes
weil hochtoupiertes (hölderlinsches) Komma am Ende
der letzten Zeile – allzu oft imitiert, aber
die Lerche die habe ich wirklich heuer zum ersten Mal
ich meine singen hören und gesehen wie sie ihre Flughöhe
verändert von einer Sekunde zur anderen, ein Wirbeln
und Hüpfen zum Himmel ohne unbedingt Assoziation zu
    Franz Schubert.
HIER NICHTS PUTZEN spricht das Warnschild für die
    Aufräumefrau,
angeklemmt an einen Seitenteil des Medikamentenkartons
der unter dem Konzertflügel verrottet, der Havelock nämlich
an einem solchen Junimorgen! Es geht dauernd
die Sonne auf und unter und an den Hollerbäumchen, -plantagen
vorbei, *ein Naturassistent der den Hut zieht*

für einen Dichter

(».. dirigiert eine ihren
hund und rutschig ..« Thomas Kling)

eigentlich persische Pulks (Schwäne)
Schneeinnen mit Gefiepe, Ahnung von
Mangofarbe : Platzwunder, Kreppfingerlinge
am Himmel – (*seine*
Dessous!)
wächst dann herunter, die Nagel-
probe, ist dann für immer
verschwunden Spielfreund und
abgekippt (»ist alles
zu viel ..!«) mit schnee-
weiszem Überwurf, damals, an der Küste von
Griechenland : Marathon, Kustos (Hüter) des
dieses einzigen
Paradieses

gestörtes Frühstück

zerknitterter Morgen, ein braunes
Täubchen zusammengeduckter Kopf, oder
Exkrement, am unteren Tassenrand haftend,
ekelerregend. Mit der Fingerkuppe (gefranst)
weggeschleudert *liegt jetzt geplustert das Ding*
auf rosa Serviettenbordüre, wo-
möglich kaltgewordene Milchkaffehaube, -haut
wegen langer Rede am Telefon, Anrufer
unbekannt

für Marcel Beyer

etwas Kinder / oder / mehr ist nicht zu sagen / oder Versuch Inger Christensen und Andrea Zanzotto miteinander verknüpfend

Halbseide von Amsel halbseidene Amsel
und mit LAKOSTE im Arm weiches Bindegewebe
rosafarben der Küchenboden vielleicht
Spiegelung einer Himmelsfarbe
Herzkirschen auf einem Teller
der auf der Anrichte steht oder auf einem der leeren Töpfe
weil die Anrichte vollgeräumt ist
und Knistern Tropfgeräusche Haar-Urwald
einzelne Haare klebend an den Handinnenflächen
im Waschbecken zwischen den Brüsten an den Fuszsohlen
im Innern eines Pantoffels
und wie Stelzen die Beine dürr und nackt
und der linke Daumen mit dem eingezogenen
Dorn oder Schiefer am Morgen schmerzt
das Spucken das Rülpsen das Masturbieren
die Sprüche oder Maximen am Morgen
oder dasz man in der Unterführung (in den Verliesen)
wo man vor dem Regen geschützt ist
nicht weisz was man nun mit dem aufgespannten Schirm tun soll
ob man ihn abspannen soll oder wie ein
Sonnenrad vor sich her drehen soll
(*Päderast oder Kampfbonbon*)
oder dasz der bläuliche Leib einer Fliege
sich im gleichen Zeitmasz mit den gegen das Heckfenster
des Straszenbahnwagens flieszenden Regentropfen
abwärts bewegt und man ihre durchsichtige Unterseite
erblicken kann ehe sie abhebt
(getrocknete Mutter)
und ein Mädchenlachen im Hintergrund

des Straszenbahnwagens Beethovens Schicksalssymphonie
intoniert
und man die Uhrzeit abzulesen versucht
indem man geistesabwesend auf den Kalender blickt
oder verschiedene Hügelbewegungen / Wandergitarre
oder die blutige Arztmanschette im Fenster

die Gewächshausblumen in Bad Aussee

Tränenbinderei : Trauerbinderei auf dem Schild
der Gärtnerei, welche mit hängenden Rosen, Glyzinien,
Drachenblumen mich anzieht : lockt dasz ich absichtslos
folge den BLUMENPROSPEKTEN, Strohballen über den Treib-
hausdächern, junge Trompetenbäume, Engeltrompeten mit fahlen
bräunlich vergilbten Blütenglocken, die tropischen
Hallen, *bei Hölderlin heiszt der Himmel die Halle*, schreibt
Peter Waterhouse, Lebensbaum Baldachine, Fuchsien Haine,
Forellen Begonien, ich frage nach den Namen der Blumen,
die hohen Stauden geduckt unter dem Glasdach, der
Glühbirnen Gärtner nickt mir zu, plötzlich die
Vorstellung : scheckige Kuh grasend in einem Wäldchen
die kleine Geduld, Taglilie, Flammendolde und Phlox :
der seit Kindertagen geliebte, Gauklerblume, Ginster
gelblich und rot, Wäscherei : Plätterei vielleicht
Glätterei, die groszen Tröge mit Blumenerde, hohe
Gestrüppfelder, Thymian,
und dann, mit dem Topolino ...

(»der Himmel wird vorübergetragen«)

für Herbert Kapfer

hineinversäumte hineinversäumende Nacht

für NIEMAND

Novembermorgen im Fenster
drüben die grünen Luken
meistens ist der Stengel einer Pflanze der Weg
menschlicher Salamander mit gläserner Augengallerte
der winterschlafende Schmetterling unter der Heizung
rührt sich nicht mehr
das Brotpapier raschelt –
irgendwo hinter obskuren Gardinen
stehen sie schon zusammengerottet hämisch grinsend ohne
Erbarmen
warten auf meine endgültige Niederlage
und dasz ich hinstrecke auf dem Erdboden darniederliege
dasz sie dann auf mich springen auf meine Weichteile und mich
zertreten
während ich stutze und frage –

drei Traumwahrheiten
oder : kein Wort mehr über Träume

1 *die Phantasie von splitternackt, verträumen*

dasz dort weiter spönne sich Wald als Weide und
Flor – gebratenes Wort in ein und demselben
Schiffsrumpf – also in meinen tatsächlich
Träumen komme ich weit herum : Nizza Venedig Marseille, was
weisz ich, kleine Flitzer bringen mich von den Hotels zu den
Molen und wieder zurück, in meinem flanierenden
Punk-Kopf (geschorene Grille) hier oder auch
im Verdünnen steckt Wahrheit!, ich lese in alten
Bettüchern, ein hoher
Glücksstern bietet mir seine Wange zum Kusz, seine Wangen-
schläfe – gibt es das? ist es das auf der Wange
schlafen? ich zeige
irgendwelche konfuse Notizen vor, schlafe auf
Bettüberwurf (Spülkabinett, als POSITANO beschrieben), der
Salamander wendet im hohen Gras, plötzlich der scheckige
Zimmerbrand, ich raffe alles zusammen, überall
wehen flammende Palmen, ich fürchte ich komme
überall hin zu spät, aber es ist in Wahrheit so, ich komme immer
zu früh, drehe mir Lockenwickler ins Haar und sehe mich
    in einem Spiegel
um Jahrzehnte verjüngt, ich entsinne mich entschliesze
mich, mir einen Bubikopf
schneiden zu lassen, irgendwelche Ringe ins
Ohr, sagt N., ich weisz nicht, die kommen dann besser zur
    Geltung, sagt N.,
ich fühle mich angstüberwältigt, N. sagt, du weiszt diese
Delle in deiner Wange, das Zebrahafte, auch Wangen- und
Wagenschläge, ich sehe sogleich das Zimmermädchen : einen
Zebrabastard : als Zebra ein Mädchen hängt, beugt sich, lugt

aus dem Fenster, dein Gesicht, sagt N., die langen Haare
haben früher
immer alles Unvorteilhafte verdeckt und verborgen und zugedeckt
seitwärts vertraulich
wo Schatten *herzt*, ich sehe die triefenden
See-Bären (Notdiener) bei strömendem Regen, Hoteldiener,
in diesen
NATOJACKEN
die Wagenschläge öffnen und schlieszen, *alles Bären / zu laut!*, für die kommenden, die scheidenden Gäste .. eine
wiedererstandene
Schiffsmetropole, ich finde mich wieder auf hoher See in hoher
Gesellschaft wohin soll das führen, in ein oder eineinhalb
Stunden hat sich mein Zimmer fünfmal
verändert. Ein Mädchenkellner, nein – nicht Kellnerin – ein
Mädchenkellner
spricht mich an oder lacht über mich, spottet mich irgendwie
aus, irgend Haustiere (was meinem Zustand entspricht) : Raub-
vögel, auch zahme, Hunde und Katzen oder wie soll ich sagen,
Sonne
macht weniger Hügel, mager!, aber ich weisz nicht mehr, das war
einmal ein Mann von mir, auch auf jeden Fall und als Händler
heruntergekommen,

2 *pathologisches Geschirr*

sämtlich Krisen- und Greisenstab, die Schneise
breit im Gebirgsstock im Blindenstock, jagen Sie nicht
Ihrem eigenen ewig nörgelnden Astronautenherzen nach, ruft R.,
die Nase stürbe mir ab davon, ich lüge zuweilen auch während des
Traumes, aber
nur ungern, aber nur dann wenn ich verhindern möchte, dasz
durch meine
Offenheit zerfetzt würde meine Welt, man verliere

Wanderschaft, ruft R., wenn ich die Handtasche mir
        auf den Kopf setzte,
würde alle Welt sagen ich sei verrückt, nicht wahr, eine türkis-
(ich meine Widmungs-)Finsternis – ich werde über die Pfütze
treten, den wüsten Kalendersaft. Spülung
kaputt (Englands verbautes Zylindersystem, typisch
Panier-Geziefer, typisch Hasen-Alarm) : ich überlege obs lebt
obs noch lebt das Flämmchen am Steuerrad, plötzlich
scheint es mir, *es gesellschaftet mich in den Hühnerhof* (Talmi),
ich weisz nicht, ein rosiger . .
hängt am Himmel oder wir zappeln alle an ihm, pathologisches
Geschirr eines Pferdes, sein Lachen!, das Hufeisen
        auf der Schwelle,
immer noch, mit seinen Enden nach oben – ja, wir wissen schon,
        damit
das Glück nicht ausrinnt, etc., in diesem *Verstall* :
Hasen-, Hosenstall, Koben, in diesem verschworenen
Pferdekopf in dem ich wohne; ich drehe
vergeblich den Türkenkopf, Türknopf,
        verliere Verwandtschaft, Kniestücke, Flöte
von Flucht, das sind die dreizehn
Hühner die ich inzwischen eingekauft habe, ich wollte
sie Ihnen zeigen, Allwetter frömmelnd, *ich gehe etwas erfinden*,
        R. sagt
SIE LESEN IN SICH HINEIN!, als wollte er sagen
SIE SPRECHEN ALS SPRÄCHEN SIE WÄHREND DES ESSENS, oder
SIE SPRECHEN ALS ÄSZEN SIE, undsoweiter, die
mahlenden Kiefer, bemalten Kiefer, das ist beinahe das gleiche,
überall fingert der Überfall –
fleischfarben diese Welt, Brause des
Fleischers, ach
wie die Sonne flieht in den Rosensand,

Flügel, Gefirmtes : Fokus
der Strände, Horizonte, Verheiszungen lila Milch, Sonnen-
koronen, die feuchten unaufhörlichen Linsen, im Dunst
Glockendunst des Oktober, mit Blumengerank zur
Böschung, zum Flusz (Honig im Flusz) sinkt der Herbst schon, was
soll ich tun das Herz die Kehle rotieren!, auch
Häher im Himmel, an den Rändern
des Asphalts wildwechselt, stutzt, verhält, verhofft, bricht auf, läszt
ihn bersten : das Rispengras!, wilder
Hopfen zwischen den Bohlen der Schienenwege, Performance :
Breakdance auf bräunlicher Kunststoffplane des schwitzenden
Paares in der Mitte der Wiese des dörflichen
Fests, der Laubtunnel schläfert, wie weht und wach solch
Dörfliches!, die Crew ist die gleiche nur zuweilen dieses
saisonable Tanz-Bier oder zum Tanz
das zum Tanz ausgeschenkte Bier mit der Schaumperlenkrone, in
der Vitrine Schaukasten Ortskern bieten sich drei männliche
Dessous an, verrückter Anblick, genarrtes Gras, erschrocken
geschoren wie Hahnenfusz, fidele Bluffs (auch Hasenkot),
unbequeme
Erkenntnisse,
meine : Exkremente meine Geistesabfälle – wo ist dieses
Zeugs, meine Niederschrift meine Niederlage, ich meine :
Handschrift,
ein sich selbst überschwemmendes mäanderndes Ungetüm, ich
kann mich nicht mehr
besinnen nicht mehr anspannen, ich kann mich meiner Hand nicht
mehr
anvertrauen, die wie es scheint etwas verbirgt, nicht zur Kenntnis
nimmt was weisz ich, zu viel verlangt von mir, auszer jeglicher
Gegenbesinnung, wie : ich habe das Gefühl meine Hand ist
in meinem Kopf undsoweiter ..

nur keine Blösze geben!, denke ich, mir,
        meiner rechten
Hand keine Blösze geben, also schreibe ich gleich einem
Schulkind, wie ich als Schulkind schrieb, eile mir selber voraus,
        kürze
ab, kürze den Weg ab, private Kurzschrift, es fehlt mir das
Handkorsett, schleuniger Grabstichel oder was, schon ein
ahnungsloses Lamm könnte mich führen, entführen, bewachen,
        meinen
Ausfall und Schlaf, gleichzeitig meine
Drüsen sind angeregt, ich könnte
die Welt umarmen!, würde der Blödigkeit (meiner) gern *zulauern*
nein, nicht *auf-*, Sie lesen schon recht, – überhaupt alles
richtig hier wenngleich teilweise unverständlich, auf Kosten von
Querverbindungen .. er sagt, bevor ich gehe, da ist
ein Lavanttaler Bananenapfel, den muszt du heute abend noch
essen, eine Köstlichkeit!, undsoweiter, unbeirrbares
Selbst, Beschirmung von irgendwoher, überallher : man sagt ja,
        hilfreich
seien gute Gedanken und Wünsche
von Freunden .. im Rasen der lange gewundene
Stab : schwärzliche Schlange, gnadenlos fitticht
die Vorstadt, später aus Morgendunst taucht
allmählich der Nadelwald auf, wie auf alten
        japanischen Holzschnitten, ein
winziges Wölkchen (Flause?) beinah taubenblau diesem frühen
Oktobermorgen entstiegen, das zeigt
Schönwetter an, sagt B., er musz es wissen, so feucht die Erde,
das Gras. Ein Bruder : ein
Feuersalamander rudert, hechelt durchs
Gras, wir blicken einander an, nehmen Sekunden-
kontakt auf, ich spreche ihm einen zärtlichen
Ton, er scheint mir einen Augenblick lauschen zu wollen, dann
davon ..   es schiefergraut dieser

Morgen, in seinen Gärten die Farben : zylindrische
Farben, nein – nicht Formen, ich spreche
von Farben, die gnadenlosen die zylindrischen
Farben : Endzeitfarben, ich meine ich stolpere eine Treppe
hinunter, der Mittagsschlummer! inmitten
von Seufzern Efeu und Ahorn. Er sucht mit den Zähnen
(spitz, klein) *der Racker!* : er sucht mich tatsächlich
ab und über : mit seinen Zähnen : Hund im Traum, so
orange, kongenial aber ich weisz nicht, über dem
Asternbeet schwenkt wer den Kehrbesen, flexibles
Verhirschen, es fiel mir oben nicht ein dieses Wort, treu-
händig einhändig Harakiri, nur in Gedanken, nein – niemals!,
Verbissenheit von Stangengehölz, Holzstrasze, der Pfeifenstrauch
neigt sich, streift meine Stirn, berührt mit einigen Ästen
beinah die Erde,
schält meine Stimme (das Rotwild) .. Trophäenschlaf, der Prozesz
hat nur wenige Minuten gedauert aus freier Büchse und weisz
deklariert : vielleicht irgendwelche neoklassische
Anwandlungen (Komponenten) : in Form dieses
Käfers zum Beispiel, in Form dieses
zärtlichen Verführers von mir, blendendes
Kerbtier, Fabelwesen vermutlich, sein Turban, seine Pelze und
anderen Augen,

II

an eine Mohnblume mitten in der Stadt

aus meinen Köpfen sprieszt
das Feuerwerk der Tränen, der
Flieder rostet, der Liguster
weht, die Camouflage des
Sommers läszt Gewitter ahnen –
Wolfsmilch besamt die Flur, die
Stare fallen, Mücken
flirren im Dorngebüsch, das
abgewelkte Blühen einer
Wolke von erbsengrüner Kirschenfrucht
gekrönt –
samt aufgeprägten kaiserlichen
Doppeladlern – Portraits auf roten Ziegeln – bröckelt
die Friedhofsmauer ab
gestützt nur noch von immergrünen
Efeuranken –
im Aufwind flügelschlagend
steht
raubvogelgleich mein Herz nach Beute äugend

Praterbesuch (Neurasthenie)

die Ballone Ballone
im Trubel, Federbusch
pochend / in weichen
weiszen üppigen Baldachinen, Himmels-
schnüren und Kuppen, blank-
gescheuerten harten
Stelen, die
Veredelung eines
Gewerbefleiszes, eingebettete
Kunst ..
nämlich Ziehbrunnen Lizenzen, die
Genitalien (Lilien) dieser
Stadt

diese kleinen
Maszliebchen-
Zirkelkinder, Lügen
und Maulgeflecht :

immer stimmt alles ein biszchen nicht ganz

The Last Round-up oder Kitti-Kitt

Zwischen Rosmarein und Hecken
spielt
spielt ein alter Kopf verstecken
Kitti und Leonidas
badeten im Tintenfasz
Tintenfasz
heiszahei

heilige Mutter Nebelschwade bitt für uns

denn im Prater steht ein blinder Mann
lege deine Hände beide
deine Hände sind wie Seide
Bruder Theokletian
fangen wir von neuem an
Luftballon im Totenzimmer
ach die toten Frauenzimmer
nymphoman nymphoman
fangen wir von neuem an

heilige Unschuld Marterpfahl bitt für uns

denn im Prater steht ein blinder Mann
und die Pferdchen drehen sich im Kreise
Zahnweh Farrad Pumpe Regen
ich bin auch auf allen Wegen
Hauptallee Zitronenspalten
und er läszt die Taxe halten

heilige Andacht Kreuzestod bitt für uns

denn wir habens alle not
bitter not
Kreuz und Tod
bitter not
bitt für uns

Abruf Knochen-Werk

Musik für eine Hand Un-
geschick : meines. Aus der Plakat-
mündung einer gekroppten Negresse die
automobile Fontäne nein brüllendes Kotz-Angebot
das Ausstoszen unerfahrenes Rülpsen der Seelen
(Wonnefiguren der halben weiblichen
Kinder : leisten sich übererwachsenes
Schlendern, galantes Gleiten überbauschter
Hüftregion : die geräumigen Bündchenhosen, jenes
gnädig-gelassene Senken der Lider, gelangweilte
lässige Schwenken der Augen – desparater Sprach-
gebrauch, kontaktverdrossen, oder -versessen je nachdem, die
Erscheinungen sind mannigfaltig), die
Schlote : immer die gleichen Assoziationen!, efeuumschlungen, ich
meine hängende Gärten, auch Windhundepaar, Welpen noch, es
wird Regen geben, E. W. sagt ES IST SCHON WINTER!, hinter
Fontänen von Licht schleiert ein regenbogenfarbener silberner
Morgen, zwei Stadt-Dalmatiner Stadtstreicher, schnalzender
Hundebesitzer!, kläffen und keifen (partout) umschlingen
sich, einander ebenbürtige Ringer, zwei junge
Panther korrespondierende Brüder vielleicht, knospende
Panther, was sage ich : DAMASZENER KLINGEN!, umschlingen
sich lieben
sich mit den Vorderläufen gegeneinander in der fiebrigen
Umarmung von Ringern, in einander verbissen dann, liebes-
spielhaft, wie damals : nicht einmal dieses warteten wir ab, ins
Innere des Hauses zu gehen, sogleich an der Eingangs-
tür fielen wir übereinander her, verbissen uns in
einander, waren nicht mehr zu trennen, gemeinsam
schleppten wir, trugen wir uns zum Lager .. galoppierten
davon –

vollgekarrt ein riesiger
Laster mit Buchsbaum und hohen Palmen durch den
    Morgenverkehr, ich
kann meinen Blick nicht lösen davon, die Gärten!, die Gärten!,
    aber vermutlich
für irgend republikanischen Festakt, Staffage .. sollte
umgekehrt sein, die Festaktanwesenden als Staffage undsoweiter,
    klumpend
in Klumpen wie Leimruten, Kugelwuchses »gesegneter Leib«
    stehen
sie, schleppen sich, repetieren sich in rasenden
Wiederkünften, das rohe blutige Fleisch, wieder
ein UNIKAT mehr!, huckepack schleppend den halben
Ochsen vom parkenden Kühlwagen in den Lagerraum der
    Fleischerei, ich
sehe mit hoch erhobenen Armen den Fleischer als flehe er
um sein Leben, oder als gäbe er sich geschlagen, das blutende
Schlachtvieh um den Hals : eine gesprenkelte Boa, das blutende
Fleisch auf dem Rücken und über den Kopf gestülpt, er trägt
einen ehemals weiszen blutbeschmierten Kapuzenmantel, erinnert
an Narkose, OP, Seziertisch, lautloses Wimmern, Schwestern-
häubchen .. (»da roch es doch immer nach Hoffmannstropfen
    daheim, also
musz es den Eltern auch manchmal schlecht ergangen sein«, sagt
E.J., er musz es wissen, Kalesche und Nelkenbeet), MIKADO :
das Spiel, Gesellschaftsspiel in der Kindheit, gegen die frisch
verputzten Wände des Nebenhauses : Stelzen und Latten, Hölzer,
Stangen und Stäbe, zusammengeklappte Doppelleitern,
    Gerüstreste,
Pfähle und Palisaden, gegen die gelbe strahlende Hausfront
gelehnt, Ganglien, Nachdenken über den schielenden
Augenstern dieser Welt (Stiefmütterchen? – ist das
Schwärmerei?), leises Gewimmel, nachts das Licht-Collier die
    lange

gewundene Strasze herab, überwucherndes Leben, Fleisches-
menschen in offenstehenden Gaststuben, noch ist Sommer,
eingespeicherte Trunksucht (»dein Rausch, und
gib etwas ab davon!«),
und es war so viel Sand und bei offenen
Fenstern, dieses Wort LOTTERBETT – ich erinnere
mich ich weisz nicht ich kenne es seit meinen
Kindertagen,

entfesselte Natur

dieser
Sommer
Frühsommer
Frühling
mit Näglein
(Schwalben)
bestickt . .

damals im engen
Fenster
zu zweit, die rosa
Linien nach-
gezogen, meine
gebrochene
Stimme, kleines
Gelenk, im Busz-
gewand (Glied)
knorpelig
schwelgend . .

jetzt
ohne dich, der Mond
weisz, ohne dich
Pneuma und hausgetreu
jetzt
die Planeten
pendelnd
jetzt
ohne dich

gerinnende Spur gelber
Löwenzahnprozessionen über
Wiesen-
grund / Grün-
schleppe / flammend, rasche
Koloraturen
des Lichts ..

am frühen Morgen des neunten
Mai, indes, die ersten
Schwalbenschreie
im Blau, meine
Nachbarin kommt zur Tür und fragt
welcher Tag sei?

gefundenes Gedicht

gebrannt
gebratenes gelb-
rotes Flügel-
system zwei flache stroh-
gelbe Straszenbesen geschultert, die
orangeroten
Kehrichtmänner
pelzig wie Leucht-
tier –
(»und zünden die rötlich-
weiszroten Kastanien-
kerzen an, am Ende
der Strasze ..«)
viel Rosa von
fern, dein
Gesicht, im Osten
Ovales, mein reflektiertes
Bild in der Pfütze
zwischen
Fahrbahn und Bordstein, zer-
klüftet wie Spiegel-
bruch, ein Vogel-
flug als Tangente, die niedrigste
Arbeit, Hände, rufe ich,
Sträuszchen
vom Kanarien-
strauch, das Reinigen des
Aborts, mein An-
liegen dir, an dich, die
rüstigen Lach-
stösze / auf-

gefalteter Schosz, du
rüttelst das
Bäumchen Liebe, der
Himmel spiegelt
blitzend in Wellen, wir
sind auf verschiedenen
Spuren, rufst du, die *spürende*
Nase nah an den Boden, die Boden-
sprünge, Neigung der
Bäume, süszes
vernarrendes
Licht-
Spiel, *stringent* / zerfiedert, eine Prise
Entbehrung, tiefes
verschlingendes
Paradies . .

beim Hinwegfegen der Abbilder, oder
nach dem Besuch der Ausstellung
»Palastmuseum Peking Schätze aus der Verbotenen Stadt«

in der Bahn dann die beiden
Poussierenden, das
poussierende junge Paar, oder Ohr an Ohr,
Pfeife an Pfeife rotblonder Schopf, die langen
jadefarbenen Ohrringe, des Poussierens vor aller
Welt vor aller Augen nicht müde werdend, mit
Tellerkappe studentischer Kordel, Irrwisch blau-
rot, Stundenkordel und Fusz an Fusz, Fusz über Fusz,
Fuszschale, -bank, krakelierte Glasur der beiden
Alten dahinter, die, starr blickend, sich wunderten : Welten-
wächter. Mit einer Wolke am Boden, Wolken wie
Wogen, über dem Boden des Abteils, auf welchem sie
schwebten die Jungen, niedrige Wolken zwischen
den Bäumen, Beinen, der Reisenden, Gehenden, Kommenden
zwischen den kahlen Ästen verfangen, beim
Betrachten des Mondes, totaler
Hirsch!, *wo der Hirsch sei fragte ich*, zu beiden
Seiten des Dromedars hing er herab, zwischen
den Höckern des Dromedars leblos
hing er herab, segensreiche Sprüche zur
Jahreszeit in alle vier Himmelsrichtungen (beim
Waschen des Elefanten; auf der Suche nach der Pflaumenblüte
im Schnee; vielfältiges
Grün in klaren Bergen; im
Schatten einer Weide lesend ..)

zwischen Ziegen Zigeunerstuten in
Lissabon schaukelndes Lampionfest Luftballons
in den Straszen schwarze Roben mit Strauszen-
federn geschmückt, Frauen auf offenen
Borden, Promenaden von Schönheit, du
trugst einen grünen Hut, hitzige
Hosenträger ich weisz nicht, es paszte
nicht ganz zum Bild, ein Hunde-
quäler im Hintergrund in einer Parkanlage, ich
konnte es sehen wie Hunde gequält
wurden, wehrlose Tiere beinahe
nichts sonst wahr-
genommen, die langen
Ramblas, die blonde Zwiebelblume auf dem
Asphalt, an deinem Bettende ein langes
Mädchenbein in jemandes Armen ich denke an »stürmisches
Tibet«, was hat das alles zu bedeuten, ich blicke auf, mein
Blick fällt in das Innere eines offenen Planenwagens, darin
ein schlafender Mann, orangefarbenes
Trikot, wie Straszenfeger sie tragen, seines
Kopfkissens linker abgewinkelter Arm (seitlich),
mit gelbem Käppchen und weiszen Socken, lieszen
ein Stück Haut zum Hosenbein frei, ich sehe
ihn schlummernd, Furioso : aber in
Tränen, ich sehe ihn so, Morpheus : die schwachen
Geräusche des Blutes in seinen Adern, Morpheus
in Kehrichtfarbe .. auch vorn in der
Kabine der Fahrer schlafend über das Lenkrad
gebeugt, glänzende Annexion
der Gefühle, ein einzelnes zum Tanze schwingendes
Bein, wo hatte ich das gesehen, Relais einer

Wolke, aber ein Brodeln eine Boa Gottvater oder das Auge
Gottes (als ich fünf Tage lang eine
gebirgige Grenzlandstrecke entlang
ging)

schöner Brunnen, Schönbrunn

ach unratbar wie dein Herz riesig gelb *lupend lumpend* die
Wunderblüte Welt wie schwimmt gegen Mittag eben-orange, die
Bäume in Töpfen zwischen dem dunklen Laub
    leuchtend Zitronen, nie
sah ich es so nie sah ich ähnliches mir ans Herz, zwischen
Viale Buozzi einmal die römischen Gärten : zwischen Viale Buozzi
(Votivköpfe der Gärten des Hotels Byron) plötzlich die gelben die
goldgelben Früchte gesichtet, ich erstarrte, ich weinte
    Zitronenbäumchen
wirkliche Früchte im dunklen Laub, auch kleine
Feuerzungen im Becken, die schwärmenden Fische :
    Goldfische rötlich
bis blasz, schwarzflossig mit dunkler Mähne und Grat, rötliche
Schatten zuweilen, der in gröszeren Tiefen fliegenden Goldfische
    (zwölf) zwölf Inseln, von Insel zu Insel wasserliliengrün
wechseln die Tiere,
Blattinseln im Teich schwimmende grüne Rondeaus, vereinzelte
Blüten ein zartes Rosa, ein Gelb .. alle sieben Jahre du weiszt
kehrt unser Leben sich um, es ist wieder so weit!, die dünig die
Regenwurzen am Himmel, Meerblau und Meermilch gegen zer-
rinnende Küstenstreifen, mitten drin Vögel als Punkte, muskulöse
Schwärze der nassen Neptune und ihrer Nebengötter,
    im Teich nach Dezennien
Verschlungenes : Zeit und Blick, vom verschneiten Votiv-
kopf (damals im violetten Licht) läszt sich jetzt kein Bild machen,
jetzt wo die Sonne noch brennt im Rücken, am Schädel,
    rechtshändig,
-schründig die Abgründe Welt oder was, unruhiges
    Instrumentieren!, die
jüngsten, zwischen den Strähnen, die Lüfte, auch Gestöhn
    Häusergezücht,

jung caramelfarben die Schultern der Söhne : imaginäre
Schmeichler
(Chimären), in allen Sprachen der Welt, so scheint es, die Ausrufe,
Rufe, Schreie, Gespräche – wer wagte da noch an die
Deklassiertheit von Sprachen
zu denken, wer könnte solches behaupten, wie wenig beweglich
unser Gehör, stummer Spiegel des Schwans in der
Rundung des Teiches,
Strauchmargarite in Fetterhenne (sehr rot sehr glänzend), es bläht
und bläst und federt und fiedert, die Luft, der Himmel, mit vollen
Backen du weiszt gespreiztes Gefieder, und an der Spitze der
beiden ragenden Obelisken (ausgangs, eingangs) die vollen Raben,
vergoldet flugbereit, da ziehen Menschenschlangen hinauf,
gloriettewärts,
säumen die obersten Ränder der Anhöhe, darunter
nachgebildet der Brunnen von Trevi,
Endlosschleife der Beete, vielleicht kryptische
Alphabete, kryptische Botschaften, die Kuppelgänger so grün
verstreut, in vielen
Sommerfarben / und Mumie : rotschädelig *sandalisiert*,
ich weisz nicht
die Haut den jungen Sohn an der Hand, der läszt chinesischen
Drachen
schweben, schon auswächst und -wuchert
nach vier zeigt die Uhr, die
Kugeln von Buchs, und Dottergelbes strebt in die Aula, da fieber-
massiger Neptun nochmals sein Haupt,

(Briefe, Reliquien)

Vogelpredigt

Bütte Butte offenes
Daubengefäsz,
mit enthülltem
Finger, Myrthen-
gasse, Karate, ist
nicht für jeden die Liebe
nicht für jeden –
Kanin, Pelzsorte,
Aquarell, eine
Reise nach Naxos, Seiden-
kunst, er notierte
Weisungen die er sich selber gab, wie
Mittagsruhe!
nachmittags hinlegen!
die Schränke fegen!
das Nachtmahlzeug nicht
vergessen! (»Onanierzeug«, A. Ok.)

das Hü und Hott des gegenwärtigen
Tages, böhmischer
Prater, das Kröpfe-
messen, dieses Pfeifen von ihm,
zweimal kurz einmal lang – ich
höre es immer dazwischen ..

kleine Bottiche Büttel (von
Teer), im Papageien-
wald, die ragenden
Pappelrosen, aber
tränenlos
das Auge, der Hagspinne
ohnegleichen

für Alfred Kolleritsch

Zeppelin oder Tropfen solch Formgeschöpf

und *eingewindelt* in ihre Miniröcke Bermudashorts
die jungen Frauen hochstöcklig behindert
der junge Neger zur Seite getreten seitlich zur Wand wie
um zu urinieren nämlich die Krawatte zu binden nämlich
für diese Intimität unter den Torbogen des Hauses getreten
sich meinen forschenden Blicken solcherweise entzogen
schlieszlich in einer Mauernische hockend Schwall
von männlichem Schweisz das Scharmützel
im Lichthof oder karrenweise der Schutt das Unerwartete mit
bewegender Kraft : im Verschnitt der Sprache
im Parlandogebrauch

verschlungene Arme

beinahe kahl im
Fetisch, im feuchten
Licht, dann Spucken und Röcheln der
Nachbarin, digital, Linksträger, Männertreu
beileibe Melissenbart rauh
gemacht, ich hoffe dir geht
das Leben mit Messen und Pflügen, das
perlt ja so kalt in die Luft!

Proëm auf den Änderungsschneider Aslan Gültekin

und hatten einander gesehen ich meine
zugeworfen den Blick und die Blicke bodenloses
Terrain, uns angeblickt einen Blick zwei Blicke lang angeblickt
im Vorübergehen an seiner Ladentür also mit je einem
Auge einander berührt im Vorüberstreifen mit Nachdenken, dann
ins Fluszknie der Mann gleichsam profilhaft
solch Raptus-Szene, während ein Tropfen Schweisz
langsam aus meiner Achselhöhle den Arm hinabrinnt
ein Buchstabe plötzlich aus meinem Namen
fällt zu Boden ich sehe ihn fallen, verschwinden –
mit FARNKRAUT AUGEN, Breton

(»parforce – oder fuszlos im Traum des Constantin«)

? come –? come – fuszlos über dem Boden
fusz-schmerz im Zeitalter der renaissance
stadtbekannt / an ihren zitzen
sollt ihr sie erkennen;
(»wir haben aus Zeit Raum gemacht« – Italien 1961 : durch Zeit
eine Entfernung aufgehoben) :
nuova persona / elefant / »glücksbringer«
durch verwandtschaft NETZ
NETZ-geher; Standort NETZ
NETZ-familie
»bruchlandung« –

».. reinliche-gute-schmalspur brachte
mir in frühen Jahren bei / war schön
durchsichtig »katzen-quälereien« –
im Mondlicht der Terrasse in den frühen
30-jahren wo es anfing hier und dort ..
auf der Terrasse ein Verkäufer mit Tanzpüppchen /
sie erklärte mir warum ich katzen –
wunderbar : eine Nacht 1930 oder nachher;
und ich ein unwissendes Kind ..«

SECRET PERSUADERS : fundgrube für sammler : ».. ich teuchtle /
du teuchtelst ..«
fundgrube Robert Teuchtler;
englisch für kinder und erwachsene ab vier –

fuszlos; o fuszlos / barden und Kandelaber
durch die schöne Stadt!

und wohlgemut; ein paradigmatisch; ein
»krähen voll ingrimm«

diese weisze kupferne
Welt / durchsponnen
futtersack Mitleid
es regnet Ballungen!
weisz in Zweigen &

was sollen wir hier? und wohin?

ein Tusch!
o Kinder / in tollen Lüften / und hohe helle Nächte
und krähen; unbehauste krähen und:

– Verhältnis des Mediums zu seinem Herrn

»slipwell!« – kat'exochen – und Degas im Hutgeschäft –
wer das nicht akzeptiert –
wie diese Stadt ruft;
dressiert / ihr würdets doch nur
zweistöckig verstehn)

potsdam! potsbliss! Degas im Hutgeschäft / rouge-vert

sack-hüpfen ..
in der Malteserkirche
genormt / gezeichnet / abgestempelt
Kuriositätenhandlung Kurt Durst

(»so eine Stadt spricht doch! ..«)

institut für holzforschung – (»flatscher-fischinger« –
hält sich robbenhaft)

österreichischer verein für deutsche schäferhunde
verein der alt-seitenstettner
magischer klub wien
bund der ehemaligen
klub der katzenfreunde
schwabenverein
fallschirmjäger
burgenländer
                                        (»so eine Stadt spricht doch! ..«)

fuszlos fuszlos / und derartige
                                        reaktionen minderer Art
frisch-herz Chrisantheme
                                        (Kehre / kehrt! und »verwehungen durch
                                              die panigl-Gasse ..«)

Panorama völlig auszer-moralisch
halbmond-Teppiche täbris super und so
(zusammenkünfte jd. zweiten mo. im mon.)

(UND ICH VERSCHWIMME AN DEINEN AUGEN –)

»frauendienst« / eine Praxis aufbauen – dann von
      Kavalkade zerstampft

karneval in Venedig &
fliegerangriff :
wir haben zu beklagen / die Prinzen von; September 44;
      am zehnten;
                                        vormittag; drei Einarmige
machen noch keinen Frieden

so weit –
lunatic / Herzogenburg / intime Zeit
so zwischen heute-morgen

(rubens-Gasse / bist mond / bist Augen ..)

(».. und zur Buschenschank höflich ein ..«)
krähen voll ingrimm / krähen unbehaust
wie diese Stadt ruft
cries in ad.
lets say : cambio cambio –
und lambrecht »luxor«
die sanfte Stadt

Trakt welt & »galerien«

sanft-parken / hier-parken; o
diese sanfte Stadt
krähen voll ingrimm / krähen unbehaust
paradigmatisch

(».. wird einmal 'ne glückliche Witwe sein – eh?«) :
ein Geviert Blumen; Sie wissen schon –
(»arrangement zum 75.«)
»bequeme dussel –«

enttäuschte ungelenke Schritte
Traktat und »verwehungen ..«
in Fronten marschiert
von minderer Art / colombe
ach
colombe –

.. und ich verschwimme an deinen Augen –

einsamer Muff an der Ecke
»und viel Ölspur / alt-neu-zusammen –«
Manager-gutherz : im Knopfloch
quarz-nelke
(überhängender Charakter)
– ein viertelkilo queensblend

spione / krähen / Malteser
wie hart Atem
».. verschwimme an deinen Augen –«
lunatic / intime Zeit

».. hat den Glanz ..«
fuszlos o cambio

und in Arezzo : chiesa di s. francesco : il sogno di constantino
(engel? raben? heilige ingrimmige krähen?)

will; in altem halbmond-Zelt; und Traum auf-spieszt
meiner Kehle wunderschöner Traum /

»verwehungen ..–«

wohlgemut
in die schwarzen zacken
reichen ..

III

Manchmal bei irgendwelchen zufälligen Bewegungen

streift meine Hand deine Hand deinen Handrücken
oder mein Körper der in Kleidern steckt lehnt fast ohne es zu wissen
einen Augenblick gegen deinen Körper in Kleidern
diese kleinsten beinahe pflanzlichen Bewegungen
dein abgewinkelter Blick und dein Auge absichtlich
ins Leere wandernd
deine im Ansatz noch unterbrochene Frage wohin fährst du
im Sommer
was liest du gerade
gehen mir mitten durchs Herz
und durch die Kehle hindurch wie ein süszes Messer
und ich trockne aus wie ein Brunnen in einem heiszen Sommer

Depression

meine Mutter
erzählt mir sie habe
beim Einkaufen eine Freundin
aus der Schulzeit getroffen
diese, vierundsiebzig wie sie selbst,
habe, auf die Frage wie es ihr gehe, gerufen :
am Morgen die Decke
über den Kopf gestülpt nichts hören nichts sehen!

Verlust und Nähe

ich weisz nicht
warum aber plötzlich
zwischen Lastenstrasze und Ring
überfiel es mich wieder :
ich wollte
dir noch einmal begegnen –
jemand
der mir entgegenkam sah
dir ähnlich, ich suchte nach
weiteren Zeichen, die weisze und blaue
Daune, die scharfen
Kringel im Eis, in einer Fotokabine
blitzte es auf, der Mond
wurde blasser, rückte
in den Zenit, die
Dohlen kreuzten und schrien, es roch
nach gebratenen Äpfeln, etwas
federte in meinem Kopf, die
Augen brannten, im hellen
Winkel der Mauerkrone
deine mit Efeu umwachsenen
Glieder, deine nach oben gestreckte
geschwärzte Hand . .

für meinen Vater

6. August 89

im mächtigen Licht des August
am offenen Fenster
Flackern der Grabkerze
behaucht von der sanften Luft
manchmal duckt sich die Flamme
in seltsamen Sprüngen
als sei sie ein lebendiges Wesen
strömt Wärme aus in steigenden Wellen
Vater tot seit elf Jahren

1. 8. 92

für Ernst Jandl

an Holztischen die unzähligen
Male / die Hände unsere Hände flach
auf die Tischplatte gelegt, einander anblickend wie
oft / vertraut-unvertraut während
die Erinnerung an ein Fingerklopfen auf eine Tischplatte
(in einem Beckettstück) moosumwunden nämlich in einem
Wald

doppelte Szene

Nerven .. kaputt ..
sagte er als ich ihn fragte
welchen Grund ich angeben sollte
dasz er nicht kommen könne

ein Erinnerungsbild
tauchte gleichzeitig auf, er
sitzt im Zimmer und schlägt
zu berstender Platten-
musik den Rhythmus
mit Kopf und Armen, vor-
wärts und rück-
wärts, wie einstmals
auf schwingendem
Schaukelpferd, *das*
selige Kind

für Ernst Jandl

Mutter, dreiundachtzig, Krankenhaus

der Ginkobaum im offenen Fenster
des Krankenhauszimmers
breitet die Arme aus
ist das ein Ginkobaum, sagt sie
da kannst du wieder schreiben darüber
die geistliche Schwester
tritt an ihr Bett und sagt
wollen Sie morgen beichten und kommunizieren
und hält ihre Hand
ich sage sie hat keine Sünde, niemals
die weiszbestrumpften
Finken im Laub

auf eine jüngst gestorbene Nachtigall

sie hat kein Lied mehr gehabt
sie war schon verstummt
aber in tiefer Traurigkeit ihre Augen Schnee Augen
haben mich angeblickt
irgendwo liegt noch mit einem Heiligenschein / gleichsam
ihr letzter Brief / ich weisz nicht
die Schlafstube zugenäht
während der erinnerte Anblick der blauen
Nachtigallvilla jenseits des Wassers
mich weinen macht
dieser zerrissene ich meine Halbmond im Fenster
in dessen Licht sie aufgab –
dann schlugen die Bestatter sie ein in das Leichentuch
in dem sie schaukelte wie damals
in ihrer Hängematte in D., unter den Bäumen
als sie noch singen konnte
als sie noch lachen konnte
als sie noch laufen konnte
über die windbehangenen Hügel
durch die zum Himmel flieszenden Gerstenfelder

meine Mutter mit den offenen Armen
wenn sie mich grüszte wenn ich zu ihr kam

meine Mutter mit den zärtlichen Worten
wenn ich sie anrief dasz ich nicht kommen könne

meine Mutter mit dem abgewandten Gesicht
als sie noch sprechen wollte aber es nicht mehr konnte

meine Mutter mit den geschlossenen Augen
als ich zu spät kam sie ein letztes Mal zu umarmen

zweimal dein Gesicht auf einem Sofa

ja es ist Zephir, ein
Himmelsgeviert, zweimal dein
Gesicht auf einem Sofa, ja es ist
so ein tauber Tag, die Schatten und
schrägen Sterne wechseln im
zornigen Rasen : Windräder
aus Pappe, ein
Artefakt

die Übertragung

inmitten von Freunden
am Gasthaustisch neben ihr, meine
Hand sinkt zum Abschied in ihren
Schosz auf ihre ineinander verschränkten
Hände, sie blickt
überrascht und verwirrt
nach unten, nach oben
floral . .

ich
pflüge die Strasze, mehr-
läufiger Begriff –

Krypta

reglos Seite an Seite
in der ohnmächtigen
Hülse des Schlafes
ruhten wir nachmittags :
wie in Königs-
gräbern die schuppenglänzenden
Mumien, von einander
nicht wissend, dennoch einander
bewahrend

Ein Gleiches

der weisze
Seidenspitz auf der
Fensterbank; ich, ihn umhalsend,
mit Vaters Mütze, die fällt
mir tief ins Gesicht; daneben
im violetten und weiszen
Rüschenkleid die schöne
Groszmutter, lächelnd –
beim Magnesiumlicht des Vaters zucken wir alle
zusammen; begraben
alle, ich
lebe

IV

Tod durch Musen

(modell 1 / cleo) :

erheitern erzürnen bis an die stirn
es geht auch ohne
900 kilo herz
barfusz über dem meeresspiegel
cleo cloistered
bundschuh & schweiz / hopfgarten blauer käse
schaut mir neugier auge blaut
in forchtenstein ach
strasz burg

(goebbels: ».. wollt ihr den totalen krieg ..!« – J A A A)

(modell 2 / kalliope) :

alle die jahre grünes septett
schon goethe sagte
die differenzierung des orts
die diskriminierung der noten-gräber
die d. der toten-schrift
immer eines himmels
minderen fuszes bei trauben stadt
abend voll dämmer zu sterben
eine wüste voll
und die künstlichen paradiese mit den augen eines lamms

(modell 3 / melpomene) :

in rhein-mein-schlinge-gelockt; die tolle
zugezogen; hochgehalten; gehängt; mit
                                        dem bürzel nach oben;
versenkt –
ausruf totalen schmerzes (mit zusammengepreszten lippen
    hervorgebrachter laut)

(poet.) knallen; schnuppe am lampendocht / gebrüll
weintoll
entfesselte dame!
und schon sind wir mitten drin in der suspekten abstraktion

(modell 4 / thalia) :

random eines kurfürstlichen molochs (wärest besser ein mädchen
geworden!)
hast-schon-recht-
hinter ihnen geht eener / hinter ihnen steht eener
dölln-seä-seech-neech-om
durch den abtritt im schweizerhaus(stil)
schweizerischer burgen-verein /
(».. hölfzt dö ooch d'burg' & schlöss'
vor untergang und sch. zu bewahr'n ..«)
– l'association suisse pour
la protection des chateaux
et des RUINES / vous nous aidez à conserver nos chateaux! – –

(».. könnt ihr mir die lyra 'runterwerfen?«)

(modell 5 / urania) :

das ablegen mehrerer prothesen
das anschnallen guten mutes
die vertilgung von milden gaben / konfrontation
                                        mit der milchstrasze –
».. nur die schräg-bilder ..«

schweigen : ein ergusz nach unten
eine flocke zeit
blendung des gehörs

golfplatz der sterne / rothschild über
                                        den seriösen morgenstern

(modelle 6 & 7 / terpsichore & erato) :

schaut mich an aus seinen silberblauen /
pop-schüler kaut siringen /

– hatte keine ahnung von nottingham –
– gisbornes försterin –
– kleiner john in sherwood –
– ah du bist es mozgo –
– beim heiligen john von verneuil –
– bestellt gisborne viele grüsze von ivanhoe –
– die sachsen jagen direkt auf den w. zu –
– flieh ehe sie die tore schlieszen –
– der teufel soll den glöckner holen –
– ja ich bin es leute von nottingham ich bringe euch
die grüsze der gesetzlosen –

(alles in sprechblasen)

(modell 8 / polyhymnia) :

durch gesang weissagen
personen die etwas tun können
mündel / wonne
prolongiertes saiteninstrument
mit sturm
mit ohnedies
(».. und haben jeden dank schon in der tat empfangen ..«)
eine bö
          aus dem stegreif
ein hirn voller
geigen
nur mit den lippen lachen

zerreiszen –

(modell 9 / euterpe) :

den reptilismus der musen
anzweifeln
archaisch verschleudern / tanzschritte
im »metropol«
petro-chemie mit purpurrotem kamm
rothaarig
braunrückig
purpurwangig
purpurfüszig
von rosen rot
abtasten / aufheben / straucheln
– zu sterben

tod durch musen

V

Text mit Giotto

».. die blau-gehörnten gepinselt (Schweine) fleischig hündchen-
treu
eine Vorhut : Gloriole hirtenpfeife im Wachstuch-Fels der
doldenbaum ächzt
Geknospe freundlich im grünen Dreieck und bekennt
das wurzelbleiche Land
wuchtet küszt rasend wütet und sproszt Baum ein rosengrüner
Gärtner / ein heiliger Geologe
Bruder wenn der Funke (mein Bruder)
ein gepflockter tag überspringt wie Lösungen verkehrtes
weiszes Beet
kralliges Tier rosa Tier die Stadt ungeheuerlich feurig
fast wie wimpel hoch klar tannig (wenn Esther tausend finger ..)
zehnstimmig Blumenblätter in einem einzigen flimmernden stern

die Armut aber und der Hunger um die Ecke
Hökerwolken aus Hökerwolken : leichte kommunikation
Kind mein Samt (ist Verlangen grosz)
o mond Unterlasz verwaist : you are no longer the same my dear!

rohr-verschönt : eine Frau steghart süsz eine Frau
Leib licht Blätter Kranz fern so brief raschelnd südherz
von nöten anatomisch meine seele stille Welt (verraten?)
windmühle Angst ein gezähntes ich danke dir (lies Augustinus!)
we quitted everything : even Antonio de Cabecon by night
geprüft Gestade eingerastet; wenn Spuren tritt auf tritt
Worpswede wo braunes Paar verblassend schon Rose und
hämmert sich verloren in diese gewaltige Neigung!
verschlungen Mund Wahrheit
mein Schrei nah deine Hand die stille welle
und Traurigkeit : ein lendenwegs (Wall Wolke Gobelin
zitterndes Leben)

und lunge rot verläszlicher Stern bei wasser wild schön wie wald
im Flusz seidenblau blind tief; Bälle Blumen hellhäutiger Tod
(soll ich dir meinen Giotto schenken?)
grosze Himmels-Karte
grosz Unterlassung schmerz und meine Liebe diese Quelle ..«

eine Postkarte aus Treviso, oder das Mannawunder nach Tintoretto

mit dem Zeitungslappen oval
über die Figur gewaschen polare
Ozonlöcher diese gesamte schründige
Hautfläche sage ich, diese
mannaquellende Stimme am Morgen durchs
Morgengewölk, dies mich durchtobende Manna am Morgen :
Jacopo Tintoretto DAS MANNAWUNDER eine Postkarte aus Treviso
die Baldachine flockentaumelnd über dem Schädel während
die Ölweiden im heiszen
Wind und die Lämmer mit jungen schneeweiszen Löwen
  zusammen im Weidenkorb
auffangen jenes Wunder ich meine welches in Fugen
  und Spalten sich
einnistet in jedem Asyl während der Himmel
aufreiszt, mannaquellende Stimme posaunt plötzliche
  Madrigale, vom
Himmel gefallenes Brot Schweiszperlen der Tamarisken bei
der Wanderung durch die Wüste während ein pflaumenfarbener
Spätnachmittag düster um meine Stirn und mutwillig
  flockende Blüten
schleudert gedonnerte übers Zederngeäst hinweg-
geschlungene Blütenschleier so dasz die Stirn von weiszen
Fliedermeeren umweht, der Pappmaché-Engel
am Eingang zum Supermarkt im Mannalicht aufleuchtet,
  man darf frei
atmen oder angelehnt stehen und knien man öffnet das Tor
um den Engel einzulassen, durch diese
Grünheit sage ich, vereinen sich die alten und neuen
Glieder unseres einzigen Leibes, der göttliche
Wahnsinn ist das! sagst du, Eden verträumt

gekräuseltes Herz hingestreckt
wie Lämmer und Hirten : Liebschaften triumphal inthronisiert im
Gebilde von Landschaft kaum dasz Naturgegend je
glorreicher auftaumelt, -donnert : aus den Händen des Himmels
das weisze
flockende Brot Blumen und Früchte gesprenkelte
Vogelherzen an Leimbäumen Silhouettenartikel, mein
geschlitzter Habitus sage ich, in
Tropfenform und parabolisch gekrümmt wie die
Spiegelbilder in feuerfarbenen
Rosenkugeln mein Kopf, Pastellwolke Nervenspiegel als mit
leuchtenden
Füszen durch Mannaschnee
geschaufelt gestiefelt geschlurft undsoweiter, Himmelsgrotte
changierend, mein schnelles Parlando, *zitiere*
Büchner wie Espenlaub

für Kurt Neumann

Salzburg Pachermadonna Franziskanerkirche

zwischen den Zimtbäumen
in dem Jahrhunderte später hingehaltenen
Spiegel die Augen blau verhüllt
der Madonna niedergeschlagen die dunkle
Traubenfrucht in der Linken, im
konzentrischen Morgenstern zu beiden Seiten
des Throns die Blütenlaube die Hand
die zu berühren mich verlangte
in nicht berührbarer Nähe Kehlenkusz im Geflüster
das schmallippige das schöne
Kind hinter Wachspapierhäutchen wie damals, Turm
und Gehäuse der alte Beichtstuhl von damals, das
Erwachen an Augen, wir machen pausenlos Lebensfehler,
aber die schwebenden Köpfe
der Engel gekeilt in die strahlenden
Lanzen, transparenzkissenschwer (»Himmel
auf Erden«)

für Bodo Hell

Picassos Bildnis eines Knaben mit braunem Haar, oder Repetition

das graue verschlossene Briefkuvert an der Brust unter dem Hals eingegangen in Jumper und Kropf Habitus : zugeklebtes Kuvert an der Brust eigentlich Jumper des Knaben welcher an einem Klavier oder Schreibplatz, an der Brust das Kropf Register unter dem Hals das zugeklebte Kuvert, im Hintergrund Hündchen auf Rädern im brünetten *Digest oder Plüsch*, die roten Fetische seiner Pantoffel, die Schenkel gewalkt, seine linke Hand zur Faust geballt während die rechte kleckst und schattet das Schreibpapier / *Karpathen Genosse.*

wie Giacometti : Schatten des Abends

Statuette
des Frühlings : etruskischer
Hermaphrodit nackt-kühle Bronze-
Gestalt zwischen den Scheiben, ein
wenig verdeckt von der blätternden Rose in
violett, ich begreife den langgezogenen
Leib, das grünliche Becken, den tiefen
Einschnitt zwischen den Mädchenbrüsten –
länglicher Mond des Nabels, zwischen
den Rippen wie es mir selber geschah als
die sehende Hand des Arztes das Brustbein
entlang tastete, redliche
Örtlichkeit Herzwallung beinahe
nicht zu orten, beinahe nicht im
Besitzbewusztsein eines männlichen Glieds,
die Beine entlaufen, in den zärtlichen
Zwillingsfusz, ich verhülle den Kopf
mit der Faust, ich verdecke den kindlichen Schädel
der Zwittergestalt mit meiner Faust, dasz
sie vollendet sei, pausenlos
Dämmerungsschere,

für Otto Breicha

Overfoto

Stilleben, erd-
wärts kriechend aus schmutziger
Bodenvase die blätternden
Tulpenschlangen, geneigte
hingeschmolzene Kerzen-
stiele, daneben
die blauen kotverkrusteten
Wellingtons –
braungoldenes Stanniol
der Flügel, ich erinnere mich, im
Rinnsal der Strasze, ver-
puppter Februar, platt-
gewalzt Maikäfers
Klitterung

VI

blauer Streusand

ein schleh-
ein schlier-
ein schlichter Wasserling
die kleinen weiszen Blicke Blüten
die kleinen weiszen Linsen schwimmend
auf Tümpeln grün, der Frühling
längst gehiszt, schwer
bricht Liguster auf, mit diesem
Mut jongliere ich mit diesen
weisz geschliffnen Nüstern –
ich bringe meine Tage hin.
Die Bläue mächtig
durch die hellen Kronen bricht, umhimmelt
mich der sanfte Hauch bis an den
Steckling   Schwalben, rosafarben
kreuzen die heilsvergeszne
Welt bis Stecklinge in allen Rosenfarben undsoweiter /
durch dieses
Herzens unratbare Zeiten dringen
wie jene Finsternis der
Sonne Seidenspinner
...

als Gras im Mund.

im Gebirge, August

unter kahlem Gezweig, junger
Baum steht schief, einzelne kahle
Bäume die nie mehr grünen, steh
ich verspüre die zitternden
Ränder an meiner an seiner Haut des
zwischen zwei Äste gespannten Spinnennetzes
darin ein kleines Insekt, und wild
schwankende Staude rosa und windgefegt wollige
Distelköpfe (»ist ja dein lieber Kopf«) rosa
versponnen verschwommen die lichten Scheitel
der Berge, geschlägert aus dem Rücken des
Bergs gegenüber ein riesiger Halbmond, die
Silberlinge des Birkenlaubs ins flüssige
Blau so blau war so jung so auszer mir war und
immer, sauge den zarten Duft, violetten Schaum, Bläue
der Schürze der Bäuerin, nach oben
langend, Requisit der Dienenden?, unter der
Lupe orangerot, nach dem Wäschedraht langend, ver-
schwindet dann im Gebüsch, geht ganz in die Hecke
hinein, Beeren pflückend, beim Beerenpflücken als
ginge sie durch eine Tür, das Nächtliche
aber fremdet den Bund

ganz verstreut Streckstuhl und Tisch in einem Garten

die Zeit (die Vogelkirsche)
vertreibt sich selbst, wie rot
der Kasten im Abendlicht!, auf-
brechend plötzlich im Schlaf Versiegeltes, irgend-
welche Verknotungen Überschneidungen blosz geahnte
Zusammenhänge von ehemals im Helldunkel
eines Tagtraums, im Wirbel die Rauch-
fahne eines sich auflösenden über dem Gipfel des
Berges emporziehenden Kondensstreifens, wie
fauchend zum Beispiel Dachstein, fauchender
Dachstein, später
die Wiese –
der weisze Falterreigen Elias und Zeisig zwischen
Huflattichblättern auch Meise, Kohlweiszlinge im
Dreigespann, im sirrenden
Mittagslicht sonnt das geschlägerte über einander geschichtete
Birkenholz, schon färbt sich die Eberesche, gegen
das Scheunentor den schiefen
Zaun lehnt Kerbel, von Käfern und Fliegen
besetzt, die Schneise im Mischwald, die Flanken,
kahlen Stellen des Bergs, des Skarabäus'
Flügelpaar, unter dem los-
getretenen Fels lichtgrüne Moospölsterchen in
den Traufen, wir schreiten auf glücklichen
Sohlen, das Abbild der Sonne ist
nicht mehr die Sonne, das plötzliche unerwartete
Lächeln des Häuslers wenn er den Grusz des Sommergastes
erwidert : geknittertes Pergament schrecklich
in Falten gerissen, des Lächelns und Lachens entwöhnt,
bleckt sich zum verfallenden

Zahngeflecht, am Spalier die einzelne dunkle
Rose –   Neidentlassenen ihr . .
mit dem Griffel-Ende des Lebens zwischen
den Fingern schreibe ich, dennoch gesellig, wie . .

und immer tiefer
sinkend in die Erde hinab

Gefühle des Umgangs

jene finsteren
Sonnen Seidenspinner in meinen mehreren
Köpfen : sprieszende Tränen also winkt neu
mir das Leben? mit
Mücken im Dorngebüsch, mit Blüten mit
Blut übersät fallen
die Stare ein, das Blut die
Blüte des Grases im grünen im sinkenden
Sensenrausch –   die geschlachteten
Köpfe im bunten
Visier, die tiefen
Wedel der Blumen, Beifusz und
Minze (Hilfsgeister) Fuchsien Ginster-
gestrüpp darin zu spüren zu strecken zu
fassen ans Wasser wo der Kornapfel
schwelgt, und hohle
Wellen ..
Berberitzen und Ackermeister das war
verrückt das war ver-
wittert ein Paradies, das Verrückte hat
seinen Sitz seinen
Glanz, ein Schwanenflaum ist zum Abschied
ein Federchen auf dem Weg gelegen, unter
der Gartentischplatte
wohnte noch bis zuletzt ein zitterndes
Spinnenpaar, aus und ein
durch die Luken des
Stalls flitzten die Schwalben, Saat-
krähen hockten bei
rostiger Egge (Zungen-
lakai), ein Schatten und unter

Büschen, Profile und Seelengestalten, die
Pappelrosen auch Banderolen in rosa als ob –
wie
atme ich Flieder ein wie
Perlmutt der Planeten

Himmelfahrten süsze soledades

.. »mit sanftesten Spektakeln vereint
verschwistert bäuerlicher Rundgang (Hort; Wald-Hände)
Vers im Wald
Hündchen Schneise und enger Kreis
kühles Ostermoos
Treibjagd im wilden
weitesten Geschlechts
meiner Dämmerung Docht
Schritt vor Schritt
übereinander geschichtet wie Seelen:
Nachwinter auf Sommer
gelbes Gehölz
Tanzpaare
Lichtung
Fahnen-Hände
blosze Erde Schatten
Ahnung
Weidung
Frei-Gesang
leise
hirten-still
mit
einem
Stück
weisz
..

Wegstück Gefährte Einebnung spitzer Wünsche (Blume; Rand der
Erde; süszer Himmel)
Gabelung ins neue (rosa grün weisz gelb)
gedrängter Ton
maszlos und musikalisch
Verschrottung Vermischung Verschwendung
lila Laub früh
salzige Frauen (Jungfrauen)
Marginalien Frühlings
kätzchen-gläubig strittig
(schon wittert mich Rabelais!)

.. Küsse wolkenreich schöner Schwärmer behutsamer Sonnen-Blick
blau: für kosmische Stimmen und eine Fackel
für zärtliche Zehntel-Jahre
verschneite Liebe Osnabrück
Horizonte regnend punktiert
was was – sind es ebene Umrisse
versetzt verbrannt verwischt
ein brennender Pommer
bitteres Lagerfeuer
linkswendig winters
in einer Mulde:
(Hand)

endest säumig; sendest sendest aus zimtig
vorzeitig saatweise
schimmernde Berührung endgültig:
Flucht-Ort beherzt
wellig schwanenbleich weinend

(riesenhafte Luft; schwarz; Flügel; Feuer; Planimetrien;
Blondheiten):
soledades süsze Himmelfahrt ....
..................«

der Gott aus der Maschine

Landschaft mit
Talkessel Oranienbaum, dieses
Mitgefühl an den Händen : er
scheint eine grosze Anzahl von Armen
zu haben, gerät man in seine Nähe hören
die Himmelsrichtungen auf –
ich hielt ihn fest mit gelben
Orchideen .. Emporheit : fest
verankert in der Luft, Gastmahl
des Meeres –
ein Hang ein Honig ein Bienen-
schwarm oder der stete Hang zu Verleugnung von
Wirklichkeit?
Lenau liegt auch auf diesem
Mond oder Messer, der Schnabel
zugleich das Auge
im Kindsmieder nämlich blanker
Ableger Sonnenschein, klumpenweis
Leim oder Leib (semper / immer), also
die schnarrende Wiederkunft solchen
Tages

drei Vorstudien zu »Fensterläden«

die Landschaft mit spitzen
Federn geätzt, ach in der Aschen-
Abschiedsfabrik hörnasig
hämmern die Pulse, seidig schält sich
das Ohr (das Strauchwerk), verzittert
das Auge, ja es gerinnen, grünen
die Bilder, der
Nachtwandler schweigt : Trotteurs einer hallenden
Einsamkeit . .

den Kohlensprosz im Visier, die düstere
Kirchenruine mit Durchblick, eine heilige
Landschaft mit Wasserfall, doppelhäutige
Sicht : das Knüppel-
geländer, die abgebrochenen
Fichten

im Schwarzwald Wurzelkostüm, ein
tobendes Blackout, die besessene
Tanne

Deinzendorf / grüne Montage oder
wo habe ich diese weiszen Augen
schon einmal gesehen

bin kuckuckskrank bin knochenkrank
aber damals auf silbernen Schienen der Horizont
damals als da war dieses Birkenfest dieses
welkende Birkenfest über den Fluren Fronleichnam
über den grünenden Fluren wogenden Fluren
und ich ein Kind war unwissend / gesalbt
gesalbtes Kind und mein Auge tauchte ins
Blau des Himmels ins Flamingogewölk in
den Flug der Fasanenschwärme Carree
        oder Bubenfrisur und lehnte
gegen das glyzinienbehangene Gartenhaus abermals
Klee und Schleppengehäuse Baldachin eines Morgens
nämlich geköpfte Tümpel und Geigengewitter
Faulwasser Mäusefigur die blassen
Schwertlilien vor den Fenstern ein blaues Konsilium
        oder Kaninchen
ums linke Auge die höchsten Wipfel
sind Safran offene Luken
Blume leger und heiterer Puppenarm

flehentliches Gedicht

für Heinz Schafroth

STABILO im Himmel und wasserblau
was Schwan heiszt und Schnee oder Himmelsblüten
nämlich die vollkommene
Stille des Morgens letzter Apriltag
während im Kopf tief drinnen im Schädel die Tränen
als Stalaktiten – verstehst du so immerfort und -während
als sei die kalte Grotte schon *angemasert* mit meinen
Herz Relikten, ich meine NICHT KALTES! ich meine, und flehentlich
NICHT KALTES! NICHT EISIGES! NICHT FEUCHTES GEWIMMEL! –
wie Vater ehe er starb, er sagte ich lebe so gerne
ich lebe in diesem Sommer / noch blitzt
keine Schwalbe im Himmel, aber die windbehangenen
Hügel,

Liebesgedicht unausgesprochen

der Stengel einer Kirsche im September?
(auf dem Fuszboden neben den Winterpantoffeln)
eine längliche weiszgraue Spur : Andy-Warhol-Träne
auf dem Brillenglas rechts, der Kelch oder Kehle
eines Vogels mit perlendem Wein gefüllt / *sind*
Emotionen austauschbar?   mit RÜCKSTICHEN
die späte Biene nadelt am halb geöffneten
Fenster warm strömt die Luft

Brief nach Oszla

Oszla was für ein Wort, was für ein Name Oszla
was für ein Ort mag Oszla sein, liegt es an einem
Meer, einem Strom, im Gebirge, Oszla Schweisz tropft
zu Boden, Oszla gekippte Sonne, Oszla breite
Schneise in einen Berg, Oszla eine Pyramide, je abgewandt eine
Pyramide aus Gras, mit strahlenförmig geordneten
Ablegern : kleinen Büheln oder Kogeln aus Gras, Pyramiden
der Mahd, duftend und steil in die Mitte des
Bauerngartens gerecht, Mückenschwärme im
Abendlicht, Garben gleiszender Helligkeit in
Schüben zwischen Stämmen und Zweigen wenn der Wind
sie bewegt, eilig ängstlich kreuzt ein schillernder
Laufkäfer meinen Weg, o
es ist ganz verrückt : wir fliegen ja um die
Sonne, ihr kupferfarbener Flaum bezwingt unser
Auge, im Gasthausgarten die bunten schiefgestellten
Räder der Sonnenschirme, es ticken die elektrischen
Zäune ringsum, das Tappen des Bergstocks des
Wanderers, knorriger Rübezahlstab, plötzlich der Pfiff des
Vaters (des Vogels) vertraute Kadenz, schon
flieszen die Tränen – Oszla! der Südwind weht mir ans
Auge, an die Wange und Stirn, wie vom
Meer von einem Meer eine Brise duftend und
sanft ich schliesze die Augen wie vom Meer
strömt es, fächelt es mir ans Haar, an die Lippen, ich
trinke vom warmen Hauch, jene leichte
Brise von fern läuten die Weidetiere es weidet mich weidet mich
aus, Dahlien, Phlox in den Beeten, aus dem Latten-
zaun sprieszen einzelne Halme, Kapuzinerkresse, Spitzwegerich,
der untere Teil der Lärche befallen
von Flechten, eine Ulme gibt auf –   das Dreieck
        des Wegs, ich

schreite das Dreieck des Weges ab, hypotenusen-
wärts bemessen von meinem Schatten, Oszla! da sitzt
keiner drauf da lehnt keiner drüber, Radspuren seh
ich im Bett der Strasze, in der Mitte des Fahrwegs wölbt sich ein
winziger Grat oder Kamm, Narbe des Grases, dort wächst spärlich
Kamille, Ehrenpreis, Zichorie, wo die Räder den Boden
schonen, die Achse des Wagens verläuft .. drei im Gebälk der
Scheune hängende Sensen schwanken im Lufthauch der
        durchs offene
Scheunentor tritt, in Nachbars Garten das Kind, mit einer
Hacke läuft es – sein ächzender Blick, Raster
des Pferdes und Raster des Rinds, gebeugt
geht das Weidetier, sein Leib parzelliert nach
Gütebereichen im Auslagenfenster des Fleischers zu sehen,
        Garbe des
Schafs, bei schrägem Blick seh ich meinen Arm tätowiert, nein, mit
Haar-, mit Grassträhnen umwunden, man möchte ein
Schmetterling werden dürfen, Wespe vielleicht, gedrechselt
wie drehbarer Wespenleib, gedrechseltes Becken, schwarz, sich
räkelnd : die krause Schöne, in Shorts, von der Mitte abwärts
Hinterleib einer Wespe, im sonnendurchfluteten Kirchhof,
wo sie die Grab-
steine abliest, ihre Pirouetten dreht, Wespenleib nein nicht -taille,
von der Taille abwärts, schlendert dreht schon ab über den
Kirchenplatz, Leersein des Ärmels, Zwitschern des
Hypnotiseurs, direkte Flammenschrift in der Luft oder am
Himmel, im ungleichen Rhythmus fliegen die beiden Kinder-
schaukeln, leichtes Lachen aus
Mädchenmund, wer fliegt
höher? Gesicht der Falb-
katze mit rosig durchscheinenden Ohren dahinter die
Sonne, wie ein riesiger Grabhügel streckt sich, wölbt sich die
Wiese, im Forellenteich spiegelt der Himmel, von
Kiesel zu Kiesel hüpfend : Bachstelzenpaar .. ein
altes Fahrradskelett wie achtlos ins Gras

geworfen, liegt vor dem Haus, gekrümmt, in sich zusammen-
gesunken, Infarkt eines einst geliebten
Objekts, Jagdtrophäen unter dem Dach an der Stirn-
wand des Forsthauses : flankiert von Steinbock-
hörnern schimmert ein völlig gebleichtes
Geweih, aus präpariertem Hirschenkopf blickt
betrübtes Glasauge wie in die Ferne .. nichts
scheint im Augenblick wohltuender eben klärender als
die Wahrheit
der Umstände, zum Zurücklehnen dienend, hier unter
der Sonne : Rotten von Ahornen, Eschen, Lärchen und
Ulmen, kommen gemeinsam an, kommen entgegen, feurige
Räder .. stellt Sprache sich wieder ein? das Sprechen, das
Fragen, das Blicketauschen, wie mühsam doch alles –
dennoch in Schüben das uneinnehmbare
Paradies, im Zenit als weisze Feder der Tag-
mond steigt nieder, unentschiedene Witterung, eine Hecke
aus Lebensbäumen, die Hänge gesprenkelt von
Löwenzahn, Oszla!, buntscheckig Oszla
in der Reihe der Engel Oszla! (dasz
einer hören mag eine Stimme jenseits des
Meeres, also auch ..)

eine der Blumen unserer Jagd / Puchbergserie

1
nur die Hälfte Hand (drapfarben)
winkt mir Abschied
wie abgeschnittenes Haar im Schosz
wie abgetrennte Blätter im Grünen
wie blutende Wanderkarte

2
ausgegossen Heckenrot Rosen / hinein-
verzwergt in den Zwergapfelbaum dahinter verzweigt
in die Tennisstube 1 dunkler
Falterschwarm / Klettenduft
strömt aus den Wiesen

3
in den Blumenrabatten am Wiesenhang welche
künden *95 Jahre Zahnradbahn*
kniet 1 halbbekleideter Mann
jätet die Ziffer 5 / in seinem Ohr
die silberne Mücke (Muse)

4
dem Wetter war übel : 4 Tage Regen und Wind
das ganze Land überflutet enthüllter Schein
jetzt Algenblätter treibend mit Sühne Tropfen
der Bursche mit flammendem Haar
im Bergsturm

5
der Phlox durchäugt den Lattenzaun / der im Tanzen
verrenkte Apfelbaum trägt pralle Frucht
1 Hund schlägt an hinter Bohnenspalier

6
üppige Kleewiese : dahinter darüber
der Berg / 1 Fichte bietet den Arm
4 Tentakel eines / meines Erzeugers

7
1 Zwergzypresse im Steingarten
des Rasenmähers Gewölle auf geschorenem Viereck
und mitgeschwärmt 1 Bonne eigentlich Haube für Kinder

8
Stück Hundekot weiszlicher Knochen
zerfällt auf der Mauerkrone
auf amputiertem Baumriesen leuchtet seitlich 1 neuer Trieb
Hilfsgeister samt Sprossen Spiralen

9
Umhang der Sonne Umhang des Regens
1 weiszer Turbanriese im Kukuruzfeld
von den Balkonen die nassen
Blumen tropfen nach unten :
schraffiertes Gelände

10
Forellenteiche und wilder Mohn
1 rotes Kind streift durch den Totenanger
Levkojenzäune auch Schnee
1 Sense schaukelt im Apfelbaum / *ins Blaue*
tief in die Tiefe empor schnellt
der entzückte Blick

11
die bandagierten Rosen im Garten im Regen
1 roter und weiszer Ballon
die Farben sickern schon hin –
in lispelnden Kurven 1 Zwergbaum mit grünem
Schleier : feinstmaschig grünes Netz

12
die alte Beschlieszerin neben dem Fahrrad mit dem Fahrrad
als Stütze ich frage wohin?
zu den Eltern sagt sie (die Sichel im Arm)
die Rosen beschneiden sagt sie (den schwarzen Gummimantel
über die Lenkstange geschlungen)
man darf nicht aufgeben sagt sie : mein Lieblingsbaum
dort auf dem Friedhof einhundertfünfzig Jahre :
so lange möchte ich auch –
blitzblaue Zuversicht

13
die gelben Blumen im Carree im Karren die Calla
der ochsenblutfarbene Himmel / Bidet
der gelbe Plastikschlauch : Teigware eingerollt
purpurfarbene Holzbank in 1 Garten flüchtig verschattet
die Lebensbäume neben dem schäumenden Wasser
1 Stückchen aufgeweichtes Brot oder bespülter Stein
im Moos in den Algen die blutenden Beete Rabatten gezirkelt
der lanzenförmige Sommer *die*
Enzianschwermut

für Edith und Erika Resch

ein Muff

wie Eichendorffs
schneller Winkel :
eine Stunde ist bei dir
zu Besuch –
Schein-
tritt des
Morgens

VII

durchnelken

beim Schnipseln an einem Foto
als ich wegschnitt was mir nicht gefiel an mir
als die Zunge mir sprang und zersprang
weil ich zu viel verraten hatte von mir
kühner und leichter durch feuchten
Flieder der Fingerzeig leuchtet
als Weiszes unter der wilden Echse
ein Azaleenmund so hingepinselt
am Schmerzort als die Tränen mir flossen
am Morgen ohne dasz jemand mir Leides getan
doch dann pulsierten
Flüsse im Kristall und Hunde rodeten
das Springkraut während
von so viel Wirklichkeit verhext
der Gewitterbach vorübersprengte und
der leuchtende Feuerschein in den Wolken knisterte

Winter-Romanze

».. wenn du mein schottisch Lieb
mich verlassen haben wirst ..«

(weithin eine Allee Ahorn
Fusz einer fernen Tröstung
kannst du so leben?
zweifach dreifach siebenfach)

ein Telefon
ein Ohrläppchen
einer Bitte Todessturz in die Schluchten deines Herzens
Mundschenk Traurigkeit
links und rechts (Wangenküsse)
rauchender Schmerz mein Schwert
zackiges Rad Sekunden
Sturm
Licht-Enttäuschung
Fenster-Zoll
Straszen-Pirol
Trauer-Vorhang
Wohnung der frierenden Tauben laue Gesimse
Wintersternbild
rosige Schleife
Orion
unser Stern
Drossel
Atemnot Rose Totengräber

du Schneefeld!
Laubgeraschel!
Turmvogel!

Brunnenwinde!
Schnee-Beil!
vergrabenes Glück!

ich nehme Flüsse auf
wie oft über klaren Flüssen berstend Möven
Punkte Schnee
Veilchen auf Februar
kiwitt bleib in der Heimat
kiwitt!
meine Augen sind nach dir
Flug und Verzicht und unermeszlich was wir wünschen
nicht auflösbar
nicht erreichbar
nicht über Berge Schnee
nicht in Hallen Frostes
Einschnitt Täler brüderlich
vertrauter Kerzenschein
Schönbergs Glocke

empor Kammeroper
singend Verklärungen
ein Abend Februar
zwischen zwei Abschieden

weithin
mein Lied mein ungerechtes Lied!
unermeszlich was wir wünschen
unerreichbar
Drossel-Lied
Orion

».. wenn du mein schottisch Lieb
..«

Hammerklaviere

Hammerklaviere
Frau Bogunke
Hammerklaviere
gibt es nicht viele in Wien.
Aber im Elbesandsteingebirge
gibt es davon eine Menge.

Ich plärrte eben eine Stelle
aus Benjamin Brittens Serenade
da flocht er mir Rosen ins Haar
tatsächlich Rosen ins Haar
und Frau Bogunke sah zu.

Es gab in ihrer Gegend viel Mond
eine Fülle von Mond jeden Abend
die Gardinen flogen in den Garten hinaus
aber ich war verhext
und sie sagte zu mir :
Isz mein Kind!

Über Brieg stand der Mond Nacht für Nacht
ich bekam Briefe und Röteln
ich las Wallensteins Lager
ging Äpfel stehlen
preszte mich gegen die warme Herdplatte
und nahm winters Stunden im Skilauf.
Die Soldaten sangen das Lied vom Wagen
der wieder rollt.
Ich notierte auf einem grünseidenen Kanapee
mein erstes Gedicht.

Huckepack

Huckepack sagte mein Vetter als
er stachelbärtig stachelbärtig stachelbärtig
durch unsere Gasse lief
er hatte ein Köfferchen unter dem Arm
und er fühlte sich immer noch Witwer
nach seiner Lebensgefährtin
auch die anderen Trauergäste waren gekommen
die doppelte Ausgabe der Klageweiber
mit dem Wäscheflor über den Rosenlippen
er aber ging mit auseinanderflieszendem Gesicht
an mir vorbei und grüszte mich wie einer
der eben wieder wie so viele Male
den Wellengang der Welt
in seinem Schiffchen Einsamkeit
auf sich nimmt.

Nun ihr lieben Ameisen wie geht es euch?
gefällt es euch hier auf der blütenreichen Erde?
rastet niemals denn euch steht es am besten an
zu wimmeln nach eurem eingesagten Plan
Malvengesichter Rundköpfe Puppenaugen
Pagenschnitt über schöner Schädelform blond
liegt bei Schubertliedern lauschend auf der Plüschrampe
Wangen erdbeerfarben
dreh dich einmal rundherum so dasz man
deine ganze Gestalt sehen kann
dreht euch lebt es genügt nicht ein Lächeln
ein Blick hinter Auslagenfenstern hervor
oder die mollige Berührung zweier weit
        auseinander liegenden Augen
sondern ihr müszt euch begeben

in den Tanz in die Versuchung in die Verschlingung
dann setzt Schritt vor Schritt
oder steht und bleibt starr:
immer wieder kommt einer der hilft euch heraus
und vom Fleck
aber es braucht eine lange Zeit ehe man einsieht
was geschehen hätte müssen und was eigentlich geschah
dann steht man wieder und hält den Atem an
oder trällert ein Liedchen oder
fängt an Jazz zu lieben.

Palmen-Waage

Kopfes
Gebraus gleich-
mütige Warte-
stimmung etwas
Unscheinbares
fiedert gegen
die Scheiben –

aber jetzt aber
jetzt die Um-
kehrung veilchen-
schwarz, und Schmerz
im Trag-
himmel
der gewölbten
Luft –

Newtonringe

so
porenhaft der Schellen-
baum die Pollution /
das Federbett / -barett
ist überschwemmt
von deinem Traum
du hast mit mir auf der Treppe geschlafen /
Blendung Verblendung, am
Zungengrund
sich umarmen sich trennen
was hast du gerade gedacht?
vom Ende zum Anfang –
eine zersprungene
Ofenlamelle / Gabelsberger
Notiz? Steine
gesammelt und weggeworfen /
Jagdhund und Terminal
Mexico City es ballerte
dann von der Zimmerdecke auf uns herab

Grübchen /
Fuszkraft, so
schelmisch / Leporello
des Baums .. singender Brauen-
vogel Schamanenlied / die
perlmuttfarbene Frühe im Fenster

Liebes-Werk

Lupinen, in pochender
Nacht, AURORA, fremdes
Arkadien, dort
wäre ich gerne mit dir gewesen –
warst du
dann grün oder braun, die
Strasze hinunter, bist du
das dann gewesen, Jasmin –
ich sah dich
weisz oder grün
in der Strasze, in mächtigen
rotbraunen Buchen, lichtgrauen
Tauben, im Rost
des welkenden weiszen
Flieders .. ach
entliehene Liebe
nur, was
schmerzt
die Brust!

Laubengänge, beschnittener
Wald, wie die Wipfel
sich zitternd umschlingen, Gewölbe
aus Bux, ein versunkenes
Rasenbett, POUR ELISE
aus leerem offenen Auto ..
milchiges Glas .. Brechung /
Berechnung / beschlagen
geschlagen / alles / ich
umarme mich selbst

Frühlings Hauch

guten Morgen, ein
schöner Tag, die
Zeit wieder viel zu kurz –
dein Atem
am zeitigen Morgen im Telephon

: die blaue
Sonne ein einziger Veilchentuff!

eingeäscherter Frühling

irgend Erinnerung an Jagdhorntöne
Geweihe von Hirschen an altem feuchtem Gemäuer
der Blick aus dem Fenster einer kalten verrotteten Wirtsstube
auf einen Wald oder schütteren Forst mit abgestorbenen
Fichten dennoch beglückendes : wehmütiges Sehnen nach diesem
Ort (Groszstadtnähe), über steile bemooste Holzstufen klimmend –
warum so frage ich mich, gerade heute an diesem
einen mit roten Tulpen flammenden Maitag vorwegnehmenden
vierundzwanzigsten April dieses Erinnerungsbild?
irgend *Augengewerbe* : süszes Lid einer mich heftig einholenden
Vergangenheit, während der Estrich im
    sonnenüberfluteten Gehäuse
mit weiszlichen Sternen übersät, die verschüttete Milch
oder der Blumen Saft –
»*so Rosmarin müsse man überdecken*«

unnennbarer Zustand

ich denke an dich aber ich bin sehr erschrocken denn
ich habe dein Gesicht vergessen ich habe auf dein Gesicht vergessen
ich denke ich möchte denken an dich aber
ich habe den Anblick deines Gesichts vergessen es ist
aus meiner Erinnerung herausgefallen wie ist das möglich
wie sieht dein Gesicht ich sehe
nicht dein Gesicht deinen Blick mich berührend
von Aug zu Aug also ich denke ich finde
nicht dein Gesicht deine Augen
was ist mit meiner Erinnerung geschehen dasz
ich keine Vorstellung habe von deinem Gesicht deinen Augen
ich denke an dich eine lichtgraue Taube
schaufelt an meinem Fenster vorüber
ich denke an dich ein pflaumenfarbener Wind
durch den Kopf durch die Jahreszeit aber ich kann
dein Gesicht nicht denken
im Heilsgestöber ich kann deine Stimme hören
ja deine Stimme sie liest etwas vor deine Hand hält
ein Blatt oder Buch liest etwas ab ich kann
deine Stimme denken ich kann deine Stimme hören
sie liest etwas von einem Blatt aus einem Buch
das du geschrieben hast –
vielleicht im Profil einen Augenblick lang
jetzt die Ahnung deines geneigten Kopfes

während diese Verwüstungen,

für Oskar Pastior

Menschenalter

aus dem Schlaf
plötzlich um fünf
gepeinigt von Selbst-
vorwürfen und Angst
es sei beinah schon zu spät
meine alte Mutter
über Indizien meiner
Frühzeit auszufragen –
letzte Zeugin
einer mir dunkel gebliebenen
Vorgeschichte

schwarz wie die Fahne der Anarchie

kommen Sie
endlich von dieser
Farbe los, Frau!
sagte die Ärztin, während
sie meinen Nesselausschlag
behandelte,
und musterte mich
mit strenger Miene
von unten nach oben
bis zum geschwärzten
Augenpaar

mitten im Frühling

ach
Hirtenknabe
Rufer vom Berg
bukolischer Frühling
dunkles
Flüstern ..
der Frühe
bläuliches
Licht schmilzt
in den Kehlen der Vögel
das Wasser
wellt /
und Bienen ..

die tiefen
Einblicke tiefen
Blicke kreisender
Totenvögel
ach
nichts mehr
Verweilendes
sonst in meinem fremden
Zelt –

Wolf / wie ein Wolf / sagt er

Wolf wie ein Wolf du siehst
darauf aus wie ein Wolf nach-
denklich mit gesenktem Kopf, Kopf-
tier, das Bild hat dich in einen
Wolf verwandelt auch aufgelöst, nicht
so sehr Wölfin, Wolf! auch Bruder Bruder Wolfs-
hund, mit dem Kopf auf die Brust
gesenkt sitzend, ein Wolf ich weisz
nicht gepaart mit struppig-nachdenklicher
Korpulenz (nachsichtig?) Kopf : behaartes
Gewicht nach unten, wolfs-
mäszig du siehst du sitzt ein wenig
zusammengesunken wölfisch die Schärfe!, und
gnadenlos knochenschüttelnd von Gullies
umflort, *das hat mich auch ganz*
verstorben,

Küste bei Marathon

mit Behauchung, gewaltiger
Schwebeschritt über rosigen
Marmor, Blutstropfen Mohn,
oder als Harfensaite,
geflochten geschnitten verpflanzt
Haare und Nägel (Vögel) auch
Schiffschnabel Bart Artischocken
beschnitten geknickter
Blumenstab   (new wave)   – diese
gezwirbelte schwere schwarze
Moustache   wie
Kopfverworfenheit . .   aus-
geblasenes Auge und Ohr
Anbindung wenn
der Fremdling bleich
mir entgegentritt, Wegling, einziger
Taubenkiel (halsen umhalsen) Kiel-
wasser offene Brust, *wohin*
Lebenswanderung, rufst du, Feldspat
sprossend auch graues
Laubgefieder Olive, einer Insel
bräunlicher Rückenschild wölbt
die See –

zugeschüttetes Gesicht

was wird sein wenn
ich schon bald vielleicht statt in den Büchern
zu lesen nur noch über die Buchrücken meiner Bibliothek
werde streichen können weil ich mich
    zurückentwickelt haben werde
in jenen Zustand meiner Kindheit in dem ich noch nicht
zu lesen imstande war also Analphabet war
und mir habe vorlesen lassen müssen von meiner Mutter
oder sonstwem
also eingegangen sein werde
in einen Zustand in dem ich nicht mehr
zu lesen imstande sein werde
also mir abermals werde vorlesen lassen müssen von wem frage
    ich mich
und wieder geworden sein werde Analphabet

ausgerasselte Sprache

ICH WERDE EINE PALME, NIZZA PALME /
ich werde eine Palme auf meinem Dachgarten pflanzen
die wird palmfingrig : mit schattigem Hauchen
mir etwas von dem vermitteln was ich vermittelt bekam
in meinen frühen Jahren in D., neben dem Ziehbrunnen.
In einer anderen Strophe, sage ich, läszt sich künden
dasz alles basiert auf einer lichtgrünen Träne,
einem fast Entschweben ins Juniblau, einer Verwandlung,
nämlich dem Vorgefühl einer strengen Auflösung
wie sie uns allen bevorsteht

Roheit in Märchen

Kopfhügel der wieder mit Haaren
sprieszt? –
gespalten
der Blick, die Zunge, ins uferlose
des Tags, der Flüsse, ein
Abdruck Natur, ein Schatten tief drinnen in deinem
Aug getönt so schmerzlich
verstummt .. Haar-
frost starrt Büsche und Flur, an den Ast-
gabeln, stumpf, pendelt das Glas, das Auge
auch zugenäht des Bächleins, schon äst
aber Vorfrühlingsschein im Hangschnee, wie das
den Staub an die Brust
nimmt jedes verrohten Gegenstands, Taubenkacke
        auf Telephonkabine, ins
Holz geschossen die kleine
Geselligkeit .. *»habe dich vorüber-*
bären gesehen ..«   Kuppel auch
schwarzer Schädel, Kuppel der schwarzen Stirn, mein
ausgefranster zerfranster Leib zerbissen und Essig :
das hängt auch sehr mit dem Kreuz zusammen, heiliger
Essigschwamm! Bisz
der Schlange ins Herz, getönt so schmerzlich
verstummt .. bin
keine Gesichtsperson mehr, nein, Auge zugenäht auch
des Bächleins

Dove ..

diese Photographie
die dich mit weit
aufgerissenen Augen
abbildet / bei Nacht
hilflos mit nackten
Schultern und ohne
Brille im grellen
Licht –

Hinweise

Aus *Tod durch Musen*, Luchterhand 1973:
Tod durch Musen (1-9); Hammerklaviere; Huckepack; The Last Round-up oder Kitti-Kitt; Retour an dich ...; Etwas wie Küsten kleefarben; Manchmal bei irgendwelchen ...; Aus der Tiefe; Himmelfahrten, süsze soledades; Winter-Romanze; Babylonisches Gedicht, Text mit Giotto, (»parforce – oder fuszlos im Traum ...«).

Aus *Gute Nacht, guten Morgen*, Suhrkamp 1982:
entfesselte Natur; Vogelpredigt; gefundenes Gedicht; Palmen-Waage; Newtonringe; Liebes-Werk; Frühlings Hauch; Menschenalter; Depression; Praterbesuch (Neurasthenie); Verlust und Nähe; Dove ..; doppelte Szene; schwarz wie die Fahne der Anarchie; mitten im Frühling.

Aus *Winterglück*, Suhrkamp 1986:
an eine Mohnblume mitten in der Stadt; blauer Streusand; im Gebirge, August; ganz verstreut ... in einem Garten; Brief nach Oszla; Oval der Sonne; Gefühle des Umgangs; der Gott aus der Maschine; Buszwinter und Schemen; ein Muff; Mazedonische Nacht; drei Vorstudien zu Fensterläden; Overfoto; Zweimal dein Gesicht ...; die Übertragung; verschlungene Arme; Wolf / wie ein Wolf / sagt er; beim Hinwegfegen der Abbilder ...; Roheit in Märchen; komplementär; Veduten; Königsgasel; Ein Gleiches; Furioso, Nichttraum und Traum; drei Traumwahrheiten oder ...; schöner Brunnen, Schönbrunn; für einen Dichter; Küste bei Marathon; Krypta; Abruf Knochen-Werk.

Aus *Das besessene Alter*, Suhrkamp 1992:
eine Postkarte aus Treviso ...; Salzburg Pachermadonna Franziskanerkirche; Deinzendorf / grüne Montage ...; Hölderlinturm, am Neckar, im Mai; wie Giacometti: Schatten des Abends; ge-

störtes Frühstück; Zeppelin oder Tropfen solch Formgeschöpf; unnennbarer Zustand; etwas Kinder ...; 6. August 89; Mutter, dreiundachtzig, Krankenhaus; durchnelken.

Aus *Notizen auf einem Kamel*, Suhrkamp 1996:
was brauchst du; Proëm auf den Änderungsschneider ...; Lieber in Gedanken reisen, Hokusai; zugeschüttetes Gesicht; ausgerasselte Sprache; mit Baumnotizen; eingeäscherter Frühling; auf eine jüngst verstorbene Nachtigall; Meine Mutter ...; die Gewächshausblumen in Bad Aussee; Liebesgedicht unausgesprochen; »deinetwegen ist ..« (Pindar / Hölderlin); 1. 8. 92; »polyphone Spur«; hineinversäumte hineinversäumende Nacht; bloody Mary; eine der Blumen unserer Jagd / Puchbergserie; flehentliches Gedicht; Picassos Bildnis eines Knaben ....

Benachbarte Metalle

Friederike Mayröckers Gedichte sind Evokationen. Mit Evokation war das Hervorrufen, das Herausrufen von fremden Göttern aus einer belagerten Stadt gemeint, um sie zur Übersiedlung nach dem frühen Rom zu bewegen. Diese Evokation geschah durch das *carmen* – durch das Gedicht.
»Es ist eine Art Parallelprozeß, ich exzerpiere etwas, ich höre dann in meinem Kopf etwas Ähnliches, etwas Anklingendes, also ich werde sozusagen vom Akustischen her befruchtet, wenn ich lese«, sagt Mayröcker in einem Interview. Marcel Duchamp sprach einmal von »Benachbarten Metallen«, als ihm nicht mehr einfiel (einfallen wollte), welche Werkstoffe er zu einer bestimmten Arbeit verwandt hatte. Auch bei den vielen hundert Mayröckergedichten ist es das Ähnliche, das Unterschiedene, ist das Scheidbare verschmolzen. Ihr Gedicht ist aus Benachbarten Metallen gemacht. Gerade ihr Band *Winterglück*, der die Gedichte der frühen bis mittleren achtziger Jahre enthält, ist Schwermetall und scheint eine besonders lange Zerfallszeit zu haben, weswegen ich bei *meiner* Anordnung besonderen Wert auf diese *Benachbarten Metalle* gelegt habe.

Mayröcker schreibt seit den vierziger Jahren Gedichte. Eine Frau, Dichterin, die sich die Sprache genommen hat, die ihren Rufen – Sounds – und vielgestaltigen Rhythmen folgt. Das heißt, die Dichterin transformiert Welt in Schrift – Überführung von Bewegung in Bewegung: ihr Gedicht, vielgestaltigst, ist Trans-Formation; Eigenheit in erneuten und erneuten Entbabylonisierungs-Versuchen.
Mayröckers Gedicht ist, immer und zunächst, metropolitane Mitschrift. Auch wenn sie landschaftliche Parallelprozesse thematisiert, ist es der den schnellen Schnitt gewohnte Städterinnenblick, das stadtgeschulte, also mit dem Sinn für unausgesetzte Frequenzüberlagerung ausgestattete Ohr, das ihr Gedicht vor-

treibt, es hören und sehen macht; nie hat ihr der Weichzeichner der Innerlichkeit zur Verfügung gestanden – nicht der unwesentlichste Grund für das Interesse an Mayröckers Dichtung! Immer ist ihr Gedicht der Metropolen-Unruhe geschuldet. Ja, sie schreibt, seit Jahrzehnten, am *Babylonische(n) Gedicht*, wie sie schon in den 60er Jahren titelt. Schon zur selben Zeit heißt es bei ihr, programmatisch und refrainhaft wiederholt: »so eine stadt spricht doch!..«. Und, ebenso programmatisch wie selbstbewußt, liest man in ihrem berühmten frühen Zyklus *Tod durch Musen* den Vers: »und schon sind wir mitten drin in der suspekten abstraktion« – der Illusion eines gesellschaftspolitischen Nutzens von Dichtung ist Mayröcker zu keiner Zeit aufgesessen. Ihr war das Gedicht seit jeher »ein apparatus« (*Babylonisches Gedicht*), Welterkenntnis-Maschine der Vor-Leibnizzeit, wie sie nur in der vanitassüchtigen, deutlich aus dem Barock sich speisenden Stadt Wien entstehen kann. Mayröckergedicht heißt Bilderreichtum, vielmehr: Bildkatarakt, bedeutet unausgesetztes Ton-Ereignis. Mayröckers Dichtung zu lesen ist – unvermutet – eben aber auch dies: »leichte Kommunikation« (*Text mit Giotto*). Überwältigend durch *Schönheit* und *Sprachkraft* ist Friederike Mayröckers komplexem Werk nicht sehr viel an die Seite zu stellen, das in der zweiten Jahrhunderthälfte hervorgegangen ist aus der deutschen Sprache.

Edenkoben (Churpfalz), 16. September 1998
Thomas Kling

Inhalt

II

III

Suhrkamp Verlag GmbH
Torstraße 44, 10119 Berlin
info@suhrkamp.de
www.suhrkamp.de